AF131791

L'idylle en Dylanie

Du même auteur
Aux éditions BOD

I. Voyage en Dylanie
II. Voyage en Dylanie
III. Voyage en Dylanie

MIXTE
Papier issu de sources responsables
Paper from responsible sources
FSC® C105338
FSC
www.fsc.org

L'idylle en Dylanie

Poésie

Christian Grammatico

Le dessin de couverture est d'Ida Boccabella

© 2022 - Christian Grammatico
Édition : BoD – Books on Demand, info@bod.fr
Impression : BoD – Books on Demand, In de
Tarpen 42, Norderstedt (Allemagne)
Impression à la demande

ISBN : 978-2-3224-0764-4
Dépôt légal :Octobre 2022

À toutes les belles personnes qui œuvrent à propager l'amour dans un monde de guingois.

Personne n'éprouve de la peine

La nuit lorsqu'au fond de mon lit

En continue tombe la pluie

En attendant que ma reine

Vienne éteindre mes insomnies

Me redonner vie

Juste comme une femme

Après les 3 volumes de Voyage en Dylanie, j'ai décidé de reprendre de nombreux textes pour créer une histoire d'amour éternelle, banale, impossible, belle et cruelle. Une femme est dans chacun de ces poèmes : « just like a woman ».

Elle n'appartient qu'à elle, mais je lui ai dit **« je te veux »,** ce **matin** comme tous les matins, **je suis ton amour,** tu es **comme une pierre plantée. Ton habit déteint** sur moi en habit de lumière. **Restez Lady, restez** éternellement avec moi. **Aujourd'hui,** je suis seul avec toi, **la seule que j'aime,** et **je serai libre,** avec **dame nature,** avec **ma madone,** ma Sara. **Sara,** oh Sara, **laisse-moi** ton amour, **jamais je ne partirai** et **si tu dois partir,** laisse-moi encore une nuit pour te convaincre.

Hélas, tout est brisé, et s'**il en faut beaucoup pour rire, il ne suffit que d'un train pour pleurer. Où es-tu ce soir ?** As-tu trouvé un autre **Mister ?** Tu sais **je pense à toi,** tout le temps à toi, **mon cœur, mon âme et mes mots ont mal,** je fais toujours **ce rêve de toi, je ne peux m'échapper de toi, je ne t'oublierai jamais.** C'est **ma promesse. Je ne peux plus attendre,** alors **mon ami si jamais vous allez en ville,** à **la fille de là-bas passez-lui le bonjour** et dites-lui que toutes **mes rues sont désertes** depuis. **Un jour**

peut-être on se retrouvera. **Mon ange d'étain**, tu es partie **peu après minuit**. Depuis, je suis toujours **malade d'amour**, et je suis **toujours en pleurs sur la piste** voilà pourquoi **j'ai décidé de me consacrer à toi**, mon **étoile filante**.

Un jour heureusement j'ai trouvé **un abri pour l'orage**, alors que j'étais une fois de plus **embourbé jusqu'au cou**. Je n'ai demandé qu'**un simple coup du sort** et au **clair de lune** elle est venue me retrouver mais **tu n'es allée nulle part**. Et puis l'histoire s'est répétée et elle, **elle a fait comme si on venait de se rencontrer** et si c'était **la fille de mes 12 ans**, et si c'était un nouvel **ange de lumière** avec **deux doses d'amour. Je me souviendrai d'elle** et de **l'esprit d'en haut de la terre afin que tu saches que je t'aime**, ma **Dylène**, ma **reine des muses**. Je vais enfin **atteindre le paradis** avec **toutes mes Sara réunies**.

J'parle pas, je ne suis qu'un individu et **toutes ces années gaspillées** où j'aurai pu te dire que **ce n'était pas moi qu'il te fallait chérie**, te dire **adieu** au lieu de rester **à t'attendre**, mais non **n'y pense plus**. Je me suis endormi **plus près de la lune et des étoiles filantes**, puis **la roue a tourné** comme toujours et **l'homme des villes aux yeux tristes** est **parti en temps et en heure**, avec ses **visions de Johanna, au cœur de mon pays, la Dylanie**.

Elle n'appartient qu'à elle

Elle fait tout ce qu'elle veut
C'est une déesse, sans maître ni Dieu
Elle fait tout ce qu'elle veut
C'est une déesse sans maître ni Dieu
Elle peut faire un bébé toute seule
Peut l'aimer lui ou elle ou les deux

Elle est toujours debout
Quand l'homme meurt à la guerre
Elle reste bien debout
Quand l'homme s'entre-tue sur terre
Elle enfante le monde, le beau
Dans son ventre dans ses eaux

Elle obtient tout ce qu'elle veut
L'homme est à ses pieds d'argile
Elle obtient tout ce qu'elle veut
C'est l'homme le plus fragile
Elle élève ses enfants d'instinct
Promet de beaux lendemains

Elle porte aussi tout le fardeau
De ce monde plein d'idiots
Elle porte aussi tout le fardeau
De ce monde sans grands idéaux

Elle émerveille à la ville les imbéciles
De son corps elle éblouit la campagne

L'homme s'incline devant elle
Lui baise les pieds, fait des pieds et des mains
L'homme ne peut que décliner devant elle
Cette beauté de corps et d'esprit
Qui emportera le mal sur un bateau
Le bien sur ses seins tout chauds
Qui n'appartient qu'à elle

Je te veux

Les fausses joyeuses coupables respirent

Elle m'est apparue dans un de mes voyages,
Comme une fille perdue, qui en a oublié d'être sage,
Toutes les autres filles sont coupables
Toutes l'évitent, et toutes l'accablent
Je te veux

Le joueur d'orgues de barbarie t'implore

Laisse-la à la nuit, préfère être solitaire
Elle t'amènera dans ses profondeurs
Bousillera ton petit cœur de manières
T'emportera dans ses douleurs, ses mystères
Je te veux

Les saxophones argentés disent que je devrais te refuser.

Elle m'est apparue comme une fille à la rue
Une fille aux yeux bleus à moitié nue
Sans ses longs cheveux blonds
Sans ce grand cœur qui fait trop de bonds
Je te veux

Mais elle a fait fêler les cloches et essouffler nos corps
Elle est descendue en apnée dans le sang de mes entrailles
Dans l'enfer de son âme,
Dans le paradis de ses piques de dames
Elle est montée au 7ème ciel à la recherche de l'ultime faille
Je te veux, je te veux, je te veux tellement,
I want you

Le bateau ivre te ramène, tu es bien à la peine
Tu ne ferais même pas mal à une méchante reine
Une mère pleure tes fautes et celles des autres
Ton héros dort à poings fermés à tes côtés
J'ouvre la porte
Je te veux, je te veux,
I want you

Ton père même disparu
Il m'est partout apparu
Je te veux tellement
Que je referme la porte
I want you

Et dis-moi,
C'est quoi le véritable amour
Pour un homme en bas de la tour ?

Et pourquoi
Toutes les filles ont des rêves
Bien plus grands que leur ventre ?
Un enfant pour Adam et Ève
Et puis on recommence balle au centre
Je m'en fous
I want you

Tu es devenue
Ma moitié
Ma plus belle des avenues
À satiété
Et il n'y a rien que tu ne voies pas
Et tu sais où j'aimerais être ou pas

I want you, I want you, I want you so bad

Chérie, je te veux.

Ce matin je suis ton amour

Ouvre tes yeux
Ouvre les fenêtres
Tu n'as plus à t'inquiéter
Ce matin je suis ton amour

Allume la lumière
Fais glisser le rideau
Oublie tes peurs, et tes pleurs
Ce matin je suis ton amour

L'acrobate a réussi son numéro sans tomber
Ouf, les spectateurs sont soulagés
La femme du dompteur n'a pas vu son mari dévoré
Par le roi lion dépité, écœuré
Car le roi c'est moi, la reine c'est toi

Enfile tes plus beaux habits
Après une nuit de rêve
Je t'emmène ma belle, mon Ève
Tous les matins je serai ton amour

Comme une pierre plantée

Je ne réécrirai pas « Like a Rolling Stone »
Pour une pierre qui roule, je suis aphone
Je préfère les happy end des contes de fée
Au rock enflammé d'un Bob désabusé
" Il était une fois une fille très bien habillée »
De ta superbe tu savais qui tu étais
Et comment le monde tournait autour d'une poupée
"blonde on blonde"
Personne ne te fera marcher
Ni t'écrasera les pieds
Grande fille dans la ronde

Comment se sent-on ?
Comment se sent-on quand on a toute sa raison ?
Comme une parfaite étoilée
Comme une pierre bien plantée

Tu ne viens peut-être pas de la meilleure école,
Miss grand cœur
Ni même du château d'If
Comtesse aux multiples cristaux
Mais avec toute cette élégante candeur
Tu sais ce qui se passe de l'autre côté du périf
Pour des gens normaux
Et si personne n'enseigne comment vivre dans la rue
Tu sais être née du bon côté

Même si être une fille c'est toujours compliqué

Tu disais que tu saurais ne pas trop souffrir du malheur des autres

Mais tu savais qu'il n'y avait que dans l'action de l'amour de ses prochains

Qui pouvait donner des excuses aux mauvais côtés de l'être humain

Tu n'es ni aveugle ni sourde et tu entends toutes ces musiques

Il n'y a que celle du cœur que tu chantes et que tu joues avec tes amis

Comment se sent-on ?

Comment se sent-on quand on a toute sa raison ?

Comme une parfaite étoilée

Comme une pierre bien plantée

Jamais tu ne te préoccupes de ces acrobates qui tombent toujours sur leurs pattes

De ces dompteurs qui jamais de mangeurs ne deviennent mangés

Mais quand le jamais côtoie le possible alors tu les accueilles sans rancœur

Et à leur grand bonheur éteint tu leur offres une lumière pleine de petits bonheurs

Et tu remontes toujours sur ton cheval de bois à bascule avec autant d'ardeur

Comme une petite fille au grand cœur, une âme sœur bien plantée

Comment se sent-on ?
Comment se sent-on quand on a toute sa raison ?
Comme une parfaite étoilée
Comme une pierre bien plantée

Princesse dans ton clocher avec tout ce joli monde rassemblé
Qui loge, soigne et panse des avenirs mal assurés
Tu ouvres des portes, passes s'il le faut par des fenêtres ou comme la mère Noël par la cheminée
Tu donnes et, impatiente, attends en retour un sourire, un visage illuminé
Pour ces invisibles tu souhaites qu'ils fassent la paix avec leur passé éprouvé
Qu'ils prennent un nouveau départ pour se reconstruire
Et devenir l'être aimé que l'on doit tous être en droit d'être considéré

Comment se sent-on ?
Comment se sent-on quand on a toute sa raison ?
Comme une parfaite étoilée
Comme une pierre bien plantée

Ton habit déteint

Je vois que tu as revêtu ton habit de lumière en étain
Il te va si bien
En émoi, je vois que ton nouvel habit de lumière est comme un interrupteur
Un va et vient
Sois une autre pour un soir, chérie
Comme tu te la pètes sous ton habit d'illuminé pour faire la fête,
Ne pas devenir rien

Je crois que tu es franchement trop mignonne
Quand tu le portes tu me transportes et j'en frissonne
Chérie tu brilles tant
Comment fais-tu pour éclairer de la sorte ?
Combien m'a-t-il coûté ce prototype luxueux ?
Il met en évidence tes courbes qui va en rendre plus d'un furieux
Toi dedans tu vas faire des envieux
Et autour de toi vont grouiller de vieux riches mafieux

As-tu le choix, si tu veux être belle le prochain lever du soleil ?
Il faut que tu uses d'artifice et de malice pour rester une merveille
Chérie fuyons ce lieu d'orgies et de prédateurs
Je pressens l'écueil

Tiens, garde ce bel apparat je t'emmène sur la côte
vermeille
Ce sera sous un ciel noir avec juste l'étoile du berger
notre lune de miel
Tu es une princesse sous cet appât qui m'a attrapé,
Cet habit d'or qui dévoile tes charmes,
Il faut que je veille
Ce n'est ni une peau d'âne,
Ni une toque en peau de phoque ou de léopard
Finissons la bouteille car il est très tard
Et je vois que coule déjà tout ton fard

Peut-être que cela sera notre plus belle soirée
Sous ton plus bel habit de lumière tu étais
Peut-être que tu partiras sous un beau ciel d'été
Ou que j'irai trouver une plus fraîche aimée
Peut-être ou peut-être pas
Encore et encore ma jolie fée
Tu remettras ton habit de lumière
Qui jamais ne s'éteindra, non jamais

Restez, Lady, restez

Restez, Lady, restez couchée sur le grand lit doré
Restez, Lady, restez assoupie sur le grand lit doré
Quelles que soient les couleurs qui n'éclairent plus votre
cœur
Je vous montrerai l'arc-en-ciel et ferai briller votre âme

Lay, Lady, lay en travers du grand lit doré
Lay, Lady, lay beauté aux nues sur le grand lit doré
Restez, Dame, restez l'éternité avec moi comme homme
adoré
Au lever du jour, laissez-moi contempler votre corps
asservi
Mon corps est meurtri à moi aussi mais mes mains sont
douces
Et vous êtes la plus belle espérance que j'ai croisée sur
ma route

Restez, Dame, restez l'éternité avec moi comme homme
adoré
Pourquoi attendre plus longtemps la fin de ce monde
laid ?
Vous pouvez avoir l'aurore et le soleil se coucher
Pourquoi attendre plus longtemps celui que vous espérez
Quand il se tient juste devant vous prêt à vous sauter au
cou

Lay, Lady, lay couchée sur le grand lit doré

Restez, Dame, restez là car la nuit fut trop courte pour un voyou

Je souhaite que mes mains découvrent le verrou

Je désire vous voir à la lumière du jour sans tous vos dessous

Restez, Dame, restez car avec vous la nuit n'existe plus sur nous

Aujourd'hui

Je jette mon billet en confettis
Au-dessus de notre balcon fleuri
Derrière, tu es toujours endormie
Dans ce grand lit, envolés nos soucis
Aujourd'hui près de toi je reste ici

Pourquoi partir vers une ville libre
Car en ce jour ma vie est bouleversée
Et la tienne va s'en trouver changée
Car nous avons trouvé notre équilibre
Aujourd'hui je reste ici avec toi.

Est-ce vraiment surprenant cet amour
Il peut tout changer à l'aube venant
Tu as jeté ton charme, envoûtant,
Tout est possible pour moi maintenant

Je vois mon avion partir au loin
Je vois sa traînée blanche dans le ciel
Cette hôtesse qui ne se penche pas
Sur ce siège libre où je ne suis pas
Ton sourire je l'ai sous ce toit
Aujourd'hui je reste ici près de toi

Je déchire mon billet en confettis
Au-dessus de notre balcon fleuri
Derrière, tu es toujours endormie
Dans ce grand lit, envolés nos soucis
Je resterai toujours près de toi

Seul avec toi

Être seul avec toi
Rien que toi et moi
Dis-moi tout maintenant bébé,
Par-là ne fallait-il pas commencer ?
S'énamourer l'un à l'autre
À passer des nuits blanches
Entre deux avalanches
Pour être tous les jours dimanche
Quand je suis seul avec toi.

Être seul avec toi
Tout le jour et la nuit
N'avoir que toi à regarder
Alors que le monde se débat
Et de débats en ébats
Tous les plaisirs de la vie sont à prendre
Les moments les plus beaux
Sont d'être seul avec toi.

On dit que la nuit est le meilleur moment
Pour être avec qui et quoi l'on aime
Mais la journée aussi il faut se distraire
Pour ne pas se perdre dans des pensées
Je voudrais vivre au cercle polaire
Là où il fait nuit 24 heures sur 24
Afin que tu me dévoiles tous tes charmes

Toi seule, près de moi
Pour te prendre dans mes bras.

Je ne remercierai jamais assez mon ami Lucky
D'avoir laissé échapper sa Jolly Jumpy
Qui m'est tombée du ciel en grâce éternelle
Être seul avec toi, la seule que j'aime

Je serai libre

Je suis comme une femme, trop ordinaire
Je ne fais pas la guerre, ne manque pas d'air
Je suis la fille du nord, la mère du sud
Parfois je suis à l'ouest, à l'est c'est trop rude
Il n'y a pas de raison je suis bien maquillé
Je vais te taquiner, te déshabiller

Je patinais pas mal avec Gabriella
Papadakis mais sans Guillaume là la la
Sur une bonne musique de Bob Dylan
Nous nous baladions sur les lacs et les étangs
Pour distraire l'aristocratie du XIXème
Pour satisfaire les téléspectateurs du XXème

Je balancerai des porcs, 1 ou 2 milliards
Et avec eux l'homme qui valait 3 milliards
Je rajouterai des boules pour un billard
Et m'offrirai quelques poules en père peinard
Dans l'arche de Noé, un taureau, une vache
Toi aussi je veux bien, même si tu fais tache

Dans ces blagues décalées vous pourrez chercher un
autre côté,
Je me suis senti libre, mais pas aliéné
Je vais quitter mon boulot de sale banquier
De comptable privé de son château de sable

En Espagne, chez Miro, chez Dali j'irai
Pourquoi pas boire de leur vin, manger à leur table

Je serai le maître tout-puissant
Qui ne fait rien pour les indigents
Et qui se pâme de faire le gars compatissant
Je serai surtout libre, libre de le dire et libre de mentir
J'en fait serment devant le plus grand menhir
Celui qui porte à sourire et à médire

Dame nature

Ce matin le coq chante, ne l'entends-tu pas ?
Un lapin sans se faire tuer traverse la route
L'eau murmure de plaisir sous un vieux pont
Je suis heureux de te voir sourire ingénue
Sous un ciel bleu dans tes beaux yeux nus
En ce nouveau matin, ce nouveau matin
Impossible de ne pas aller bien avec toi
Ce moteur ronronne ne l'entends-tu pas ?
L'automobile sportive fait preuve de style
En montant la petite route de montagne docile
Je suis heureux de te voir sourire ingénue
Sous un ciel bleu dans tes beaux yeux nus
En ce nouveau matin, ce nouveau matin
Impossible de ne pas aller bien avec toi
Ce soleil qui brille ne le ressens-tu pas ?
Une marmotte court près du ruisseau champêtre
Ce doit être le jour où tous mes rêves se réalisent
Je suis heureux de te voir sourire ingénue
Sous un ciel bleu dans tes beaux yeux nus
En ce nouveau matin, ce nouveau matin
Impossible de ne pas aller bien avec toi
Si content rien que d'être vivant
Sous le ciel bleu
En ce nouveau matin, ce nouveau matin
Impossible de ne pas aller bien avec toi
Dame nature

Ma madone

Madona laisse pousser tes beaux cheveux
Je te donnerai tout l'or du monde
Que tu n'en mettrais jamais assez sur ton corps
Si seulement tu laissais pousser tes cheveux blonds

Madona qu'en penses-tu
C'est comme ça que je te préfère
Madona qu'en penses-tu
Madona le feras-tu

Madona sois gentille avec moi
Oh, mon cœur sera si reconnaissant
Car j'ai tant envie de toi comme ça
Madona sois gentille pour une fois

Madona laisse pousser tes beaux cheveux
Je te donnerai tout l'or du monde
Que tu n'en mettrais jamais assez sur ton corps
Si seulement tu laissais pousser tes cheveux blonds

Sara

Allongée sur le sable, tu es plongée dans tes pensées
Les enfants jouent tous les quatre sur la plage
Ton anatomie enflamme mes yeux subjugués
Je veille sur vous, et m'effraie que vous partiez au large

Quand j'ai croisé ton regard la première fois
J'ai vite su que ce serait toi mon plus bel amour
Tu étais d'une beauté au-dessus de toutes les lois
Les courbes de ton corps, la splendeur de tes contre-jours

Sara, où vas-tu ? Que fais-tu parfois loin de nous ?
Sara, déesse attirante, femme filante

Je les revois avec leurs seaux, aller et venir
De la mer à leur château avec de grands sourires
Je les revois ramasser de beaux coquillages blancs
De moi à toi, attendre nos encouragements

Sara, qui es-tu vraiment ? Es-tu celle que je croyais ?
Sara, sirène ensorcelante, femme enivrante

Derrière les dunes j'ai allumé un feu de camp
Tu avais à la main un grand verre de vin blanc
J'ai joué pour toi "La dame des plaines aux yeux tristes"
Les enfants tous endormis en mode pacifiste

Sara, es-tu sûre de toi ? Que fais-tu sous notre toit ?
Sara, joyau éclatant, épouse mystique.

Tu n'as pas voulu que les cloches sonnent
Tu as vomi toute la soirée, enceinte un peu trop tôt
Le voyage de noce tant pis on l'abandonne
On ira avec nos quatre enfants au bord de l'eau

Sara, ne dit-on pas pour le meilleur ? I want you ?
Sara, mère modèle, épouse qui doute

Rappelle-toi notre rencontre, je t'ai aimée sur-le-champ
Tu as joué la montre, je t'ai conquise par le chant

Sara, ma muse Saharienne, ma ruse Arthurienne
Sara, tu es mon graal, la spirale de l'idéal, fragile

La plage est alors déserte, le sable est d'or
Nous sommes à l'hôtel, on couche les mômes
Je te transporte mais vers quel spot, quel sort
Un voyage qui nous amènera dedans en dehors

Sara, nymphe éblouissante à la flèche d'un arc suspendue
Ne me laisse jamais, aime-moi comme toujours je
t'aimerai
Sara, oh Sara

Laisse-moi

Laisse-moi la porte ouverte
Laisse-moi arroser tes plantes
Renaître et paître dans ton champ
Laisse-moi mieux te connaître, apparaître

Tout ce que j'ai, t'appartient
Je sais, je n'ai rien
Rien qu'un peu d'amour
À partager, à te donner. Tiens !

Laisse-moi te le dire, te le jouer
Laisse-moi te serrer contre moi,
Laisse-moi te consoler, m'envoler avec toi
Courir sur les toits, pleurer des petits pois

Tout ce que j'ai, t'appartient
Je sais, je n'ai rien
Rien qu'un peu d'amour
A partager, à te donner. Tiens !

Laisse-moi t'offrir quelques belles chansons
Laisse-moi une place dans ton cœur
Laisse-moi t'offrir quelques fleurs

Laisse-moi ton amour
Et prends le mien pour toujours
Quand j'ai froid pour la mauvaise saison
Laisse-moi ton blouson

Laisse-moi le temps
Laisse-moi tant de fois
Laisse-moi ton amour
Et prends le mien pour toujours

Jamais je ne partirai

Le saule pleureur
Jamais ne pleurera
Et sur ton visage
Toujours un sourire
Triomphera
Jamais
Je ne partirai
Loin de toi

J'ouvre mon livre
Sur mes pages griffonnées
Et entre mes maux chiffonnés
J'écris notre amour
Sourd à tout discours
Jamais
Je ne partirai
Loin de toi

Je suis suspendu
À tes lèvres, à ta voix,
Et si tu étais pendue
Ou clouée sur la croix
Je te suivrai mon amour
Jamais
Je ne partirai
Loin de toi

Ma mère m'a dit « Va mon petit suis ton cœur
Et tout ira bien à la fin du parcours
Choisis ton sort sans accepter leur or
Toi et ton amour ne vous perdez pas dans d'autres
corps »

Et à nos enfants je leur dirai
Rien ne sert d'aller
Dans d'autres chemins
Que celui qui vous va bien
Rien ne sert de râler
Jamais
Ne partez
Loin
De nous

Si tu dois partir

Si tu trouves que je ne suis pas le bon
Que je me comporte comme une brute
Un truand, que trop de gens je bute
Alors pars sans agiter le blanc chiffon
Ne me demande rien ni sarabande
Ni larmes ni rédemption décide-toi, pars
Avant que la nuit ne t'appelle qu'il ne soit trop tard
Et qu'il ne fasse trop noir pour trouver la porte

Alors si tu dois partir, va-t'en
Alors si tu dois partir, va-t'en
Sinon, tu dois rester la nuit

Arrête de tourner en rond comme la terre
N'attends pas que les aiguilles de l'horloge s'arrêtent
Ici et dorénavant il n'y aura plus de jour de fête
Pars ne te retourne pas on se recroisera en enfer
Mets fin à ton petit jeu qui m'embrouille
Un coup tu pars, un coup tu reviens
Crois-tu que ce soit bien que ce soit saint
N'espère pas qu'à tes pieds je m'agenouille

Dis-toi que si tu dois partir, va-t'en
Dis-toi que si tu dois partir, va-t'en
Sinon, tu dois rester la nuit

Ne pense pas que je suis fait de fer
Qu'à toutes les règles je déroge
Que je regarde toutes les scènes de ma loge
Que jamais je ne pourrai être un père
Remets-toi dans le bon sens, poupée
Elle n'a qu'un temps ta beauté singulière
Ton corps va te trahir, inutiles prières
Inutiles artifices, ton visage va se crisper

Figure-toi que si tu dois partir, va-t'en
Figure-toi que si tu dois partir, va-t'en
Sinon, tu dois rester la nuit

Vais-je faire des rêves ou des cauchemars
Vais-je culpabiliser, vite trouver une remplaçante
Si c'est ce dont tu as peur alors pars innocente
Pars vers des jours meilleurs et traite-moi de salopard
Traite-moi d'esclavagiste mais ne me brouille plus les
pistes
Va vers un chemin fais de beaux lendemains
Nous n'avons pas échoué n'étions pas triste
Nous y avions cru en mangeant à notre faim

Donc pour conclure si tu dois partir, va-t'en
Donc pour conclure si tu dois partir, va-t'en
Sinon, reste encore une nuit sous ma pluie

Tout est brisé

Brisé le cœur, brisées les assiettes
Brisé d'amour, brisé en miettes
Brisé le couple, brisés les gamins
Les amours heureuses ont toujours une fin
Pas la peine de se cacher la face
Pas la peine d'être de glace
Tout est brisé

Brisé le dos, brisée la santé
Brisée la voix, brisée la pâte feuilletée
Brisé le corps, brisés les os
Le temps nous rend moins fort, pas moins sot
Il nous emporte toujours plus haut
Il nous apporte les gros maux
Tout est brisé

Brisé l'ouragan, brisée la brise,
Brisée la bise, brisée la tour de Pise
Brisé le vent, brisé le mistral
Gagnant ou perdant brisé tu auras mal
Il semblerait que chaque fois que l'on souhaiterait faire
une pause
Quelque chose viendrait nous murmurer
"Allez ose"

Brisées les voitures, brisées les banlieues
Brisées les lois, brisés les vieux
Brisée la société, brisés les révoltés
Brisés les jaunes, brisés les gilets
Dans tes filets ne ramener que le beau
Faire une sélection utiliser pour son nez le rabot
Chaque fois que tu veux partir
Pour trouver mieux ailleurs
Il y a toujours quelque chose qui te fait revenir
Au point de départ à la même heure mon cœur

Tout est brisé
Tout est réparé

Il en faut beaucoup pour rire, il ne suffit que d'un train pour pleurer

Je voyage dans un train couchette, chérie,
Les mouvements réguliers me bercent
Je suis rapidement plongé
Dans un monde merveilleux, chérie,
Allongé sans ce corps qui me touche,
Sans ces mains qui me caressent
Je meurs ici renaît là
En haut de la montagne
Et si je ne réussis pas,
Vous savez que vous chérie vous le ferez.

La lune n'est-elle pas belle, ma mie
Quand elle est pleine sur le château d'en haut ?
Le conducteur du train n'est-il pas grand, ma mie
Quand il fait rouler ce vaisseau sur ta peau ?
Le soleil n'est-il pas beau
Quand il descend sur la mer ?
Et ma chérie n'est-elle pas belle
Quand elle songe à accourir vers moi ?

C'est notre dernier hiver,
La terre sale gronde
Sous l'effet de nos propres bombes
Les miroirs nous déforment en ombre
Je suis venu le dire à tout le monde,

Mais je n'ai pas pu me réveiller
Je veux être ton homme, chérie,
Je ne veux pas être ton rêve
Ne dis pas que je n'ai pas souhaité
Dépasser les frontières
Faire dérailler le train ?

Où es-tu ce soir ?

Le retour sous la pluie en train est long, noueux
Sur la lettre mes larmes s'épanchent
À l'encre noire et fraîche
Je rêve de soulever par les hanches
La femme aux blondes mèches
Mais cette épaisse brume me colle
À la peau bleue

Bleu comme ce grand océan qui nous sépare
Bleue comme cette marque sur ton petit bras
Comme tes yeux peu heureux
Pleurant sous la pluie
Bleu comme ce ciel qui voudra bientôt de moi

Dieu peut me punir, il a mon âme, mon sang
Tu peux m'en vouloir à mort
De même que ton corps
Le juge ne peut pas me voler mes enfants
Tu le sais, je veux être maître de mon sort

Dans ce bar tu étais la sirène des hommes
Ivrogne mort revenant encore et encore
J'ai mangé le fruit défendu, croqué la pomme
Jadis tu aimais et tu m'aimais en somme fort

Si je pouvais te retrouver comme autrefois
Mais le mal est fait,
Le bien s'est envolé loin
Où es-tu ce soir sans moi,
Dans les bras d'un roi ou d'un même choix
La vérité nul ne la connaît

Le taureau mange la poussière, si peu fier
Est-ce que je connais son nom ? Te mérite-t-il ?
Fait-il de toi une reine ? Fait-il rouler la pierre ?
T'emmène-t-il sur un fil au-dessus du Nil ?
Ou voyages-tu d'île en île ?

Où es-tu ce soir, je n'y crois pas
Je n'y crois plus, où es-tu ce soir
Sans moi, dans d'autres bras ?
Cauchemar, Abracadabra

Mister

Mister sais-tu où nous pourrions la trouver ?
Sur la route de l'enfer ou celle du paradis ?
Ces routes-là j'y suis déjà allé avec Marie
Et je ne veux pas y rester ni même y séjourner

Mister sais-tu où la dame des bois se cache ?
Le chemin est-il long jusqu'à la frontière ?
Nous tournons en rond, que faire, une prière ?
Elle a eu tort de partir il faut qu'elle le sache

Mister un vent cinglant souffle encore sur le pont
Jusqu'à quand vais-je devoir regarder en arrière ?
Je sais qu'elle n'effacera jamais le tatouage à mon nom
Et qu'elle gardera toujours à son cou
La croix de fer que je lui ai offerte

Mister je me souviens de la fanfare du tambour
Et du jour où elle m'a pris le bras et m'a dit :
« Ne m'oublie pas je suis ton plus grand amour »
Je sens encore son odeur et son corps engourdi

Mais elle est partie vers le sud
Vers un autre avenir
Qu'est-ce que cela signifie, depuis je refroidis
Cela lui suffit-il, tous nos beaux souvenirs ?
Et moi d'effroi je suis de plus en plus abasourdi

Mister depuis quand m'a-t-elle abandonné ?
80 jours et suis devenu un Jean passe-partout
Mais j'ai perdu mon pari mon amour fou
Pensant avoir tout donné, tout pardonné

Je pense à toi

Peut-être est-ce la chanson de Dylan sur Sara
Qui magnifia ta beauté dans mes pensées
Ou peut-être que la belle sera ou ne sera pas
Dans mon cœur percé, mes yeux usés
Je pense à toi

Le soleil s'est couché, le ciel en a rougi
La place est vide à mes côtés, moi j'ai froid
À mon chevet j'ai gardé allumée une bougie
Je repense à toutes ces proies et à toi
Et toi, penses-tu à moi

Tu dors sans doute déjà et moi je pense
Au temps où tu t'endormais sur mon épaule
Tu avais le cœur immense j'avais de la chance
J'aurais pu être ton idole et toi ma boussole
Repenses-tu à nous ?

Le destin frivole a fait son chemin,
Est-ce bien ? Est-ce mal ?
L'animal qui chasse, est chassé à son tour,
Grand bien n'y fasse, faste, pas toujours
Je pense à lui

Ai-je fait tout ce qu'il fallait pour te mériter
Ai-je été à la hauteur de tes espérances

Je me suis emmêlé les crayons, allez danse
Pardon, j'ai décidé de te déshériter
Mais je pense encore à toi

Et si cela ne l'a pas fait, tant pis
Je déroulerai toujours le tapis
Pour tes longues jambes à l'infini
Pour t'apercevoir en catimini
Quand je pense à toi

Quand le prochain matin tu te lèveras
Ni te parler, ni t'entendre, ni te voir
Ni te toucher, sentir ton corps je ne pourrai
Mais je penserai toujours à toi

Et sauras-tu un jour combien chaque jour
Depuis que l'on s'est séparé je pense à toi
Parce que tu es mon seul amour
Pour toujours, à toi je pense

Mon cœur, mon âme et mes mots ont mal

Mon cœur, mon âme et mes mots ont mal
En mal d'amour, en mal de détour
De ne plus voir des fleurs fleurir
De ne plus entendre le chant des oiseaux
De perdre mon amour de tout jour

Mon cœur, mon âme et mes mots ont mal
En mal d'animal enfermé dans sa tour
En mal de ne plus recevoir aucun bonjour
De ne plus dormir qu'avec mon ombre dépérir
Seul à écrire, à t'attendre dans le pire

Mon cœur, mon âme et mes mots ont mal
En mal d'homme qui a pommé sa boussole
Laissé son cœur en route, pour des amours frivoles
Des amours au ras du sol entre deux bouteilles d'alcool
et une tonne de paracétamol
Dans des auberges espagnoles tenues par de belles
créoles

Mon cœur, mon âme et mes mots ont mal
En mal de musique, de chant, de troubadours
Pour avoir piégé longtemps toute la cour
De madame de Pompadour à la servante de
topinambour

J'en ai attrapé comme des mouches sous mon abat-jour
Avec du vin aigre, mixé avec un doux humour

Mon cœur, mon âme et mes mots ont mal, en mal d'être
gracile et d'avoir le profil pour attraper dans mes fils des
filles faciles, des filles fragiles, des filles débiles et des
filles indélébiles aux larmes de crocodiles pour un voyage
dans les îles ou une grande idylle

Mon cœur, mon âme et mes mots ont mal,
Le mal de terre, le mal de l'air, le mal de mer
Et le mal de toi

Ce rêve de toi

Je suis encore là mais pour combien de temps,
Sur ce banc dans ce parc où partout je te vois en grand,
J'attends depuis des jours depuis la nuit des temps.
Du temps des fleurs à celui des cerises,
Du temps des feuilles à sang à celui des feuilles mortes,
Je me mens.
Mais c'est ce rêve de toi qui me fait vivre,
Me sauve du fin fond de l'océan

Les beaux souvenirs me reviennent inlassablement
Et renaissent de leurs cendres en instant de géant
Quand je disparaîtrai de ce temps ancien
Cette mémoire tu la garderas sous seing
Je renaîtrai de nulle part j'en suis certain
C'est ce rêve de toi qui me fait vivre
Me donne tant et me reprend, emporté par le vent

Je suis ailleurs mais mon regard est toujours tourné vers
ce toi, qui ne fut pas à moi
De ce toi qui fut je ne sais où, sous un toit avec un autre
que moi
Je n'ai eu droit qu'à ton ombre,
Je n'ai pas eu le choix d'être sombre ou pas
Mais c'est ce rêve de toi qui m'a permis de rester droit,
de ne pas avoir trop froid

Je fus aveugle, sourd, muet, idiot, trublion
Je n'ai rien senti mais je t'ai à seau ressenti
Un flot d'émotions avec son lot de sensations
Trop loin de toi et trop plein de toi, anéanti
Ce rêve de toi m'a permis de vivre à tes côtés
Si tu ne le savais pas, voilà chose faite mon aimée

Un fantôme de moi t'a-t-il poursuivi
Comme un métronome à l'infini
Sans trouver la porte de sortie
Dans ce rêve de moi bien en vie
Es-tu ma femme, suis-je ton mari ?

Je ne peux m'échapper de toi

Le train du soir te ramène-t-il jusqu'à moi ?

Sur le quai de la gare Saint Roch, voie trois

J'attendrai une éternité même après que cette gare fantôme soit délabrée

Je resterai accroché à mes rêves qui jamais ne peuvent s'échapper

La nuit pourra tomber, le ciel s'illuminer de milliard d'étoiles, je ne verrai que toi

Avec ta robe à fleurs tu te confonds avec le printemps, je t'attends, patient

Malade d'amour pour toujours,

Tu viens avec ton brin de blé entre les dents sifflotant Wigwam de Bob Dylan

Je suis accro, ma cocaïne porte ton nom, je suis chaud

Ton train a encore du retard, il ne viendra pas ce soir

En rentrant chez nous le ciel s'est assombri

Le tonnerre a grondé, le vent s'est mis à souffler

Puis la pluie a inondé mon visage

A effacé ma peine de vieux sage

Depuis trop longtemps le dernier train n'a plus sifflé

N'a plus sifflé sur la colline, et dans mon cœur

Depuis trop longtemps,

À peine reste-t-il une lueur

J'allume une bougie, regarde un portrait de nous en jeunes amants bien charmants

Sur la photo, on devine que tu rougis

Et moi je souris heureux de te voir prise en flagrant délit

C'était quand déjà, nous étions si craquants,

Enfin surtout toi

Moi ma foi je n'étais plus tout à fait moi

J'étais sur un nuage,

Aujourd'hui il ne me reste que quelques images

Et des pages et des pages de questions sans aucunes réponses de ta part

Si tu es partie, tu peux revenir

Moi je n'ai jamais pu ni su faire sans toi

Je t'ai gravée dans mon avenir

Je ne peux t'oublier

Cela ne peut s'expliquer

Je me détache de tout

Mais pas de toi

Je n'ai pas le choix

J'entends encore ta voix

Me dire : « Je ne pourrai jamais te quitter

Tu es tellement parfait ».

Et je revois ton rire partir dans un grand délire

Je me le rappelle pour le meilleur et pour me faire souffrir

Cette joie n'était pas plus éternelle que les neiges

Alors je me reverse un verre de vin rouge

Et je trinque à nous, à ton absence pour que rien ne bouge

À ton piège à ce sortilège à mon manège
Je ne peux t'oublier

Je relis ta dernière lettre écrite il y a une éternité
Nous nous sommes tant aimés, écris-tu sans pitié
Tu ne le sais certainement pas mais moi je n'ai jamais
arrêté de t'aimer
C'était le dernier jour de l'été
Depuis l'hiver s'est installé et lui ne m'a plus quitté
Tu m'as tout laissé mais les souvenirs je n'ai pas pu m'en
débarrasser
Pas plus que tes mots, tes photos, nos petites vidéos et
nos grands idéaux dont celui de ne jamais aimer
quelqu'un d'autre.
Je n'ai jamais pu m'échapper de toi à cause de cette
promesse que jamais je ne renierai.

Mon aimée

Je ne t'oublierai jamais

Tu t'es perdue
Et avec toi nos souvenirs
Se sont évaporés dans les limbes
Je souhaitais tant te voir revenir
Mon ange dans les nues
Le temps comme du pain perdu

Tu t'es perdue
Et tu m'as perdu
Dans un monde inconnu où je ne ris plus
Où dans la rue tout est devenu saugrenu
Toi qui fus ma plus belle des vues du haut d'une grue
Et qui sera toujours mon élue

Tu t'es perdue
Dans une ville où
En vain je t'ai cherchée partout
Sans toi la vie est si dure si impure
N'entends-tu pas mes pleurs dans ce lieu peu sûr
Sous un ciel rouge une planète plus très bleue

Je ne tourne plus très rond
Je vieillis et toi tu es restée la même
La fille qui aura éternellement vingt-quatre ans
Et que j'aime

La fille au longs cheveux blonds
Que j'ai faite mienne, que j'ai faite reine

J'ai oublié mon cœur sur une croix de bois
Et dans ma tête définitivement j'ai fait ce choix
Je suis mort à mon triste sort sans ton corps
Depuis que tu as fermé la porte derrière toi
Je ne t'oublierai jamais, à raison ou à tort
Jamais

La promesse

Je suis bien seul depuis que tu es partie
J'ai vu l'amour qui m'a transporté
Dans ma chambre dans mon lit
Le bonheur n'a jamais été tant à ma portée
Il m'est tombé du ciel une nuit étoilée
Je suis bien seul depuis que tu es partie

Pour donner du plaisir sans attention
Sans lendemain je suis un champion
Mais je tombe sans cesse plus bas
Quand elle revient avec ses appâts
Et qu'elle ensorcelle ma vie de fourmi
Je suis bien seul depuis que tu es partie

Blé dur, asperges tendres et sauvages,
Ses longs cheveux en travers du visage,
Elle fait pleurer mes yeux bleus,
Elle fait saigner mon cœur creux
Je ne me souviens plus de sa respiration
Du baiser dans le cou de cette sensation
Je suis bien seul depuis que tu es partie

Sur les flancs du Pic, l'odeur du thym
Le chant des cigales, la couleur des vignes
Les gens goûtent ses saveurs en son sein

Et je me dis qu'avec toi j'en serai digne
Et que l'on pourrait être ensemble pour toujours
Et chaque matin je te dirai d'un sourire, bonjour
Je ne serai jamais seul quand tu seras de retour

Combien d'histoires ont bien fini finalement
De mémoire je n'en connais que peu
Me vient comme exemple celle de Blandine et Christian
Mais rien ne sert de comparer les cheveux
Et toutes mes liaisons dangereuses avec cette aventure
d'une nuit
Je suis bien seul depuis que tu es partie

Que vais-je faire dorénavant sans ma fée
Qui ne veut pas me gâter et qui pourrit ma vie
Pourquoi dois-je attendre les bras croisés
Attendre toujours qu'elle réapparaisse
Sans que je puisse nous mettre en laisse
Je suis bien seul depuis que tu es partie

Je vais chercher comme un détective
Parcourir s'il le faut toute cette grise contrée
Fouiller les tours de béton, la moindre coursive
Fouler toutes les herbes hautes, les sombres forêts
Je nous promets nous nous retrouverons

Je ne peux plus attendre

Je ne peux plus attendre
Attendre que tu changes d'avis
Avec le temps j'ai changé tu sais
Il se fait tard, il est plus de minuit
Les guerres ont cessé, je suis en paix
Sans refaire le passé tout n'est pas cassé
J'ai mis de l'ordre dans mes pensées
Des gens sont montés, d'autres sont descendus
Certains ont pris le train en marche d'autres l'ont vu passé
Mais pour toi la place a toujours été réservée,
En première classe
L'air est insoutenable
Je ne peux plus attendre

Je suis à toi, tu es en moi
Je t'aime tant
Rappelle-toi comme tu m'as tant aimé avant
Et tu reviendras dans mes bras
J'ai gardé tout ce que tu aimais
Et jeté ce qui nous a séparé
Crois-moi je ne bois plus je suis droit
J'ai cette foi
Et j'ai toujours aussi froid sans toi contre moi
J'ai attendu une éternité sur le palier
Je ne peux plus attendre

Grâce à toi j'ai pu
Traverser des déserts,
Vaincre de froids hivers
Rien qu'en pensant à ce que tu fus
Rien qu'en continuant
À t'aimer comme un éternel amant
Pourquoi t'ai-je toujours aimée autant ?
Pourquoi le vent n'a pas tout déblayé devant ?
Pourquoi le prince charmant n'a-t-il pas encore réveillé la
belle au bois dormant ?
Réponds-moi

Si le hasard pouvait te faire réapparaître
En chair, en colère, même en meurtrière
Si je pouvais revoir ton visage
Même derrière un grillage
Si je pouvais te toucher, te caresser
Quitte à me piquer, et même me faire agresser
Si je pouvais entendre ta voix, t'entendre crier, aboyer,
miauler
Si je pouvais goûter au bonheur
Goûter les larmes de ton cœur
Le sel de ta peau, les gouttes de pluie
De tes yeux blessés, aveuglés
Si je pouvais sentir ton parfum
Le chemin d'où tu viens
Allez viens

Je ne peux plus attendre longtemps
Mon temps est compté

Je suis un condamné
Damné à t'aimer jusqu'à la fin des temps
À ne plus revoir de printemps
À me rappeler les bons moments
Où tu aimais tant nos jeux d'enfants

Maintenant je suis vieux
Et de t'attendre indéfiniment
N'est certainement qu'un vœu pieu
Mais si tu m'entends
Je t'attends,
Je t'attendrai
À chaque instant
Et même après
Tu auras toujours ta place
Qui t'attendra

Si jamais, vous allez en ville

Si jamais, vous allez en ville, vous feriez mieux d'y réfléchir à deux fois. Ne vous arrêtez pas à la gare, vous finirez les bras en croix. On vous cherchera la bagarre, croyez-moi vous ne marcherez plus jamais droit. Vous allez courir dare-dare, car vous êtes une belle proie.

Vous feriez mieux de faire gaffe aux miauleurs, aux aboyeurs, aux oiseaux de malheur. Si vous tombez dans un traquenard, faites-le avec les honneurs. N'attendez pas votre sauveur, soyez leur crève-cœur, car un jour à leur tour ils auront la peur de mourir sans douceur.

Si vous ne voyez plus de couleurs mais que des ombres, et si vous touchez le sol de votre douce joue. S'ils vous ont mis en joue, s'ils vous ont mis à genoux, et s'ils étaient à moitié saouls, c'est que la ville et les vils ne sont pas faits pour vous, petit hibou. Retournez-vous, regardez le ciel et les étoiles nu sans vos faux bijoux.

Les hommes sont des fous et les pommes vertes tombent. Les gens viennent à la ville faire fortune et reçoivent sur la tête des bombes. Les hommes partent sur la lune, derrière eux à perte de vue des tombes. C'est l'hécatombe, au-dessus quelques vols de quelques colombes.

Je suis malade de cet amour de toujours, de ce mal qui rend débile. Dans cette ville sombre, remplie de décombres je cherche Debbie la fille indélébile. Elle a dû tomber mais il est peut-être temps de la ramasser avant qu'il ne soit trop tard. Si vous en entendez parler, bon an mal an, je vous donnerai de vous à moi tous mes dollars.

Mes amis eux aussi ont cherché dans toute la blafarde ville. Ils ont cherché partout sans rien laisser au hasard avec des chiens et des fusils. Des beaux quartiers aux ghettos, ils ont fouillé la moindre cage d'escalier, le moindre placard doré, l'indice le plus futile mais sans succès. Et maintenant seul je vais errer pour l'éternité, en pleurs dans cette ville hostile et stérile.

Alors si jamais, vous allez en ville, rejoignez-moi.

La fille de là-bas

Si tu descends vers mon beau pays,
Où les vents soufflent jusqu'à la mer,
N'oublie pas de saluer Betty.
La fille qui fut mon seul amour.

Si tu croises les beaux flamants roses,
Vers l'étang à l'été finissant,
Assure-toi qu'elle ne soit pas morose.
Protège-la du temps et des vents.

A-t-elle encore ses blonds cheveux longs,
Dansant de ses épaules à ses reins ?
A-t-elle encore ses blonds cheveux longs ?
C'est comme ça que je l'aimais bien.

Je me demande si elle m'a oublié,
Pour m'être envolé vers d'autres horizons,
Dans la clarté sans fin des nuits d'été,
Dans la pénombre d'un jour sans fond.

Si tu descends vers mon beau pays,
Où les vents soufflent jusqu'à la mer,
N'oublie pas de saluer Betty.
La fille qui fut mon seul amour.

Passe-lui le bonjour

Si tu la vois, passe-lui le bonjour, peut-être est-elle à l'autre bout du monde
Elle est partie à l'automne, quand je n'y croyais plus
Dis-lui un beau mensonge, dis-lui que je vais bien depuis que je ne la vois plus
Sans doute pense-t-elle que je l'ai remplacée, dis-lui la fausse vérité

C'est la seule que j'ai aimée oui la seule qu'elle le veuille ou pas
Mais un amour aussi grand ne pouvait naviguer sous tous nos tourments
Des mauvais moments nous en avons eus comme tous les grands amants
Mais depuis la nuit où elle m'a quitté, j'ai vécu comme mon propre trépas

Cette façon qu'elle eut de refermer la porte derrière elle
Me revient jour et nuit sans que je puisse y échapper
À se demander comment a-t-elle fait pour me changer juste en se faisant la belle
Et comment toute la suite, de cette fuite a pu déraper et mon ombre me happer

Si tu la croises, respecte-la comme je n'ai pas dû le faire
Embrasse-la pour moi comme je n'ai point pu l'honorer
quand elle m'a quitté
Je sais que toi tu aurais su voir en face la réalité
Sur mon profil, livide il n'y a plus rien de vraiment cher

A-t-elle fait le bon choix à vouloir reprendre sa liberté ?
Les abeilles tournent toujours autour du miel
Mais la reine s'est échappée et le roi ne fait plus des
merveilles
Il a soudainement vieilli et il a perdu tout son courage et
sa fierté

Si tu es à ses côtés, et si elle est à présent heureuse prête
à fonder une famille
Je comprendrai qu'à la pluie qui coule sur ses joues elle
préfère le soleil qui dans ses yeux brillent
Et si pour moi le soleil se couche depuis que jamais plus
je ne la touche
Je garderai toujours le goût merveilleux de sa bouche sur
ma bouche

Et si par hasard elle revient par là
Dis-lui que la porte restera toujours ouverte
Ni elle ni moi ne méritions tout ça
Je ferai toujours en sorte que de ma plus grande perte
Elle reste ma plus belle découverte

Des rues désertes

La vie n'est plus aussi belle
Sans toi il me manque mes ailes
La vie n'est plus aussi belle
Sans toi il me manque mes ailes
Tous les jours il pleut sur moi

Les rues sont désertes sans toi
Je n'ai nul endroit où aller
Les rues sont désertes sans toi
Je n'ai nul endroit où aller
Ma chérie tu me manques tant
Toi qui es partie si loin

J'ai une valise à la main
Cherche les lieux que tu as foulés
J'ai une valise à la main
Cherche les lieux que tu as foulés
Je ne te trouve nulle part
Vais finir par sauter du pont

Dieu envoie-moi un de tes anges
Pour que des futurs ne s'éteignent
Dieu envoie-moi un de tes anges
Pour que des futurs ne s'éteignent
J'ai tant de choses à faire encore
Avec elle et tous mes poèmes

Reviens vite, tu es ma muse
Ma lumineuse inspiration
Pour que l'on s'amuse, reviens vite
Ma respiration délicieuse
Oui nous nous envolerons
Dans les airs, proches du soleil
La vie ne sera que plus belle
Nous irons partout et ensemble
La vie ne sera que plus belle
Nous aurons du bonheur, des chants
Des joies, du plaisir, des enfants
Et nous marcherons dans la rue
Main dans la main en amoureux

Un jour peut-être

Un jour peut-être tu me comprendras
Je n'étais pas pire qu'un autre quand j'étais dans ta ligne
de mire
Quand tu auras tourné la page
Que tu auras mis au placard tant de livres avec rage
Peut-être que tu reviendras à ton grand amour
Celui qui fut ivre celui qui l'est encore
Et le sera à juste titre sans doute toujours

Un jour peut-être tu auras compris
Que tout ce que tu m'as pris
Tu ne me l'as pas volé, pas oublié
Et tout ce que tu m'as donné
Je l'ai encore précieusement enveloppé
En attendant ton retour

Un jour peut-être tu regretteras
L'enfant poète qui n'écrivait rien que pour toi
Et qui a tout perdu quand tu as disparu de son toit
Quand tu te retrouveras seule tout ouïe
Et que tu pleureras ce passé enfoui
Et que ressurgira l'essence de cette période de vie inouïe
Tu regretteras les mots jetés en pâture dans la nature,
Les mots non-dits bien mûrs comme du cyanure
Tu regretteras et tu sauras

Un jour peut-être tu ne m'en voudras plus
De mes virées nocturnes entre amis du lycée
Que j'ai su garder
J'en suis un petit peu navré.
De mes reproches sur tes proches
Qui se sont ligués contre moi
Et de mes quelques embardées
Lyriques et pas toujours symphoniques.
De ma vie trop dépravée à ton goût
Je peux comprendre que tu m'aies pris pour un fou
Un fou d'amour qui n'aura pas su garder son seul amour

Un jour peut-être tu reviendras
Parce que tu auras compris
Parce que tu le regretteras
Parce que tu ne m'en voudras plus
Parce que la lettre de trop que je t'aurais écrite
Parviendra à briser ton cœur de fer
Parce que deux êtres qui s'aiment sont voués à finir
ensemble
Pour atteindre la lumière
Comme le fait le lierre sur un mur de pierre
Comme le fait le lierre sur un mur de pierre
Un jour c'est sûr
Je te l'assure
En homme mûr

Tin Angel (Ange d'étain)

Il était très tard quand il rentra du boulot,
Le travail n'aurait-il pas pu attendre au lendemain ?
Sa belle aura bien remis le repas au chaud,
Dressé la table, assise le cœur sur la main,
Heureuse, le chien à ses pieds, un peu rêveuse,
Caressant l'animal, dégustant un bon vin.
Elle sera là, prête savoureuse et mielleuse,
À l'attendre encore un jour gris de plus sans fin
Elle sera fascinante dans une robe élégante,
Lui dans son beau costume, il desserrera sa cravate.

Quoi de plus normal de l'espérer appétissante
Séance tenante
C'est Bobby son chien qui lui porte ses savates

Une des deux bougies sur la table s'est éteinte.
Il croit la retrouver endormie dans la chambre,
Quand il voit sur une feuille, sa fine empreinte.
Il fait la grimace nous sommes fin septembre.

"Il est minuit, ta cendrillon sans bruit s'enfuit"

Elle ne sera partie ni avec un ami,
Ni avec le plus grand des voyous du pays,
Ni avec la plus jolie des douces ironies,
Elle sera partie quelque part à l'infini.

Il n'aura pas à tuer un vilain amant,
Il n'aura pas tout compris mais tant pis pour lui.
Il mettra sur sa playlist Tempest de Dylan,
Écoutera Tin Angel si loin de sa vie.

Son ange d'étain est parti, il est très triste.
À dix minutes près son destin s'est barré.
Sa vie vient de basculer de l'autre côté,
Il va se servir un double scotch défaitiste.

Il prend son smartphone et entonne à l'ange déchu
« Reviens, s'il te plaît, j'ai besoin de toi, je t'aime »
Jamais il ne reçut de réponse et déçu
Ne mit qu'une demi-éternité à trouver le même totem

Peu après minuit

Je suis la suite et après
Pour essayer d'oublier
Un ange d'or s'est éteint
Il est juste après minuit
Je suis seul tu t'es enfuie

Tu m'as laissée à ton chien
Laissée le mal et tes biens
À écouter ta musique
Tu n'as pas voulu le fric
Ni pleurer à trop attendre

Il était un peu trop tard
Je n'étais plus trop veinard
J'étais trop aveugle et sourd
Pensais que c'était de l'amour
De t'enfermer dans ma tour

Pourquoi n'as-tu pas sauté ?
Pourquoi n'as-tu pas fauté ?
Le bébé dont on parlait
Et qui ne naîtra jamais
Quand s'est envolée l'idée
J'ai tout ou presque loupé
De ton corps si chaloupé
Tu es devenu floutée

Et moi depuis arc-bouté
Crois-moi j'ai longtemps cherché

Je t'ai accusée à tort
Je m'en suis voulu à mort
Je t'ai traitée de salope
Me suis dit si je la chope
Je reprendrai de ton corps

À genoux je te supplie
Lassé de mon triste sort
D'oublier tous les encore
Et les mauvais accords
Ce sera après minuit

Personne d'autre que toi
Moi je ne veux, personne
Jusqu'à la prochaine fois

Malade d'Amour

Je déambule,
Te cherchant jusqu'à me mettre en péril
Déambulant je marche sur les toits de la ville

Mon corps est fatigué, mon esprit aux aguets
Alors que le ciel est très encombré
J'entends

Est-ce les dieux du ciel au loin ?
J'entends
Est-ce les pleurs d'une fillette au coin ?

J'ai rêvé que tu revenais
Et tu m'aurais ignoré
Pendant que je dormais

Je suis malade d'amour, depuis ce jour
Où dans ma cour, tu m'es apparue
Nue à contre-jour
Mais je n'en peux plus

Je vois, je vois deux amants
Éternellement je les vois
Partants et revenants
Mais ce genre d'amour
Je n'en veux plus maintenant

Parfois, le silence est pesant
Écrasant, menaçant
Dans ce labyrinthe sans issue

Mon ombre est trop sombre
Et la tienne m'encombre
Je suis malade d'amour
Guérirai-je un jour ?

Je suis malade d'amour
À attendre ton retour
Je meurs un peu plus chaque jour

Parfois je préférerais ne t'avoir jamais rencontrée
Je suis malade de cet amour à jamais lié
Il m'est impossible de t'oublier

Je ne sais vraiment plus quoi faire
Pour te revoir je donnerais tout
Même mon âme au diable

En pleurs sur la piste

Je marche triste
Ma tête à l'envers
Hier j'étais premier sur la liste
Aujourd'hui je pleure seul sur la piste

Je n'ai plus de royaume
Plus de reine ni de trône

Mais si je te vois et si tu veux encore de moi
Je ne crois pas pouvoir vivre à nouveau avec toi
Sous le même toit, la même loi pour une dernière fois
Depuis que tu m'as laissé seul sur la piste
Je me sens comme un alpiniste sans corde

La montagne fut trop dangereuse
Je me suis brûlé les ailes,
Suis tombé cent fois
Noyé, eu maints coups de froid

J'écris et crie en silence ma peine
Je te prie de me briser les chaînes

Tu n'as pas voulu disparaître nuit et jour
Le fantôme de nos amours rode toujours
Tu m'as laissé en pleurs, sur la piste seul
Sous un ciel noir enveloppé dans mon linceul

Il a fallu se battre seul contre tous

Gagner pouce à pouce

Perdre contre un bonhomme en mousse

Et revenir sans ternir mon avenir

Le temps bon an mal an s'est envolé

Comme un oisillon porté par son malheur

En essayant de prendre son envol sans jamais y arriver

Faisant une bonne proie pour tant de prédateurs

Les cloches sonnent pour l'auteur,

Le compositeur, l'interprète,

Le bon la brute et le truand

Ou peut-être pour le spectateur

Pas sûr que cela soit pour moi

Pour toi

Pour nous

Cela serait fou de te reprendre

Après toutes ces années à essayer de t'oublier

Après tout le mal que l'on s'est fait

Après tout ce temps à chercher à comprendre

J'ai dansé la country

Avec tous tes sosies

Dans de nombreux pays

Mais jamais je n'ai frémi

Autant qu'avec toi Rosie

J'essaie de vivre depuis
Depuis que je suis tombé
Tout au fond du puits
Vais-je atterrir dans un monde fantastique
Sur une île de l'océan Atlantique ?

De te voir ici ou là-bas
M'amènera dans l'au-delà
Avec toi
N'ai-je pas toujours fait n'importe quoi ?
Alors pourquoi pas recommencer
Une dernière fois à nous enlacer
En pleurs sur la piste tous les deux, mais de joie

J'ai décidé de me consacrer à toi

Sur mon canapé de jardin je contemple le ciel
J'attends les étoiles filantes, ce passé véniel
Au son d'une musique Dylaniène je te vois en moi
J'ai décidé de me consacrer à toi

J'ai écrit ces textes la nuit venue dans tes mots
J'ai enfilé ce beau maillot sur ma peau
J'ai partagé nos idéaux et ma propre foi
J'ai été à demi surpris de me consacrer à toi

Puis ce fut une évidence comme une transe
Un signe de la providence une dernière danse
Quand il a fallu vivre comme toi sans pourquoi
J'ai décidé de me consacrer à toi

Je n'avais pas besoin de te connaître
Pour savoir que j'allais renaître de tout ton être
J'avais trouvé mon cheval de Troie
Pour exprimer la poésie que j'avais en moi

L'amour est bien réel, l'amour est authentique
Des anges sont sur terre et c'est bien pratique
Des signes en veux-tu en voilà, crois-moi
J'ai aimé me consacrer à toi

J'ai voyagé si loin à quelques mètres de chez moi
Quand tu m'as quitté j'ai eu moi aussi si froid
J'ai parfois contourné les lois pour être dans mes bottes droit
J'ai grandi de me consacrer à toi

J'ai parcouru un long chemin depuis ce matin
J'ai rencontré des cœurs éteints par des vilains
Et de merveilleux écrins dans des tulles de soie
J'ai décidé de me consacrer à toi

J'ai laissé mon âme chanter et s'exprimer
Je l'ai ornée de fleurs et de petits bonheurs imprimés
Et si parfois je me suis regardé plein d'effroi
Je fus toujours apaisé de me consacrer à toi

Et pour tout ce que tu as dit et ce que tu as fait
Pour toute cette joie que tu m'as offerte sans objet
Pour être venue te recueillir sous ma croix
J'ai décidé de me donner à toi

Étoile filante

Je suis parti des mois vagabonder
Dans le but de me retrouver
Et la nuit sous la constellation
En cherchant mon sommeil
Les yeux au ciel illuminé
J'ai croisé cette belle étoile filante
Et j'ai pensé à toi, sans toi

Tu es partie, vers un autre monde
Un monde qui m'est inconnu
Tu m'es devenue inaccessible
Je me pose des milliers de questions
Mais celle qui me dérange le plus
Est celle qui te demanderait
Si tu es là où tu voulais être

Je ne suis plus tout à fait le même
Tu es dorénavant mon totem
Qui dans chacun de mes poèmes
Clame haut et fort que je t'aime
Et aux fins du fond de l'anathème
Je suis plongé seul dans mes problèmes

J'ai vu cette étoile filante
Qui te ressemblait
Que toujours j'aimerai

Qui me poursuivra sur mon chemin
Qui serait ancrée dans mon destin
Aimante,
Amante,
Ma mante religieuse
Délicieuse peu sirupeuse
J'ai pensé à toi

Quand tu es partie
J'ai demandé à la lune
Pourquoi je m'étais brûlé les ailes
En jouant avec la plus belle des étincelles
Je ne devais pas être stupéfait de te voir t'éloigner
Sans que je puisse te retenir
Changer nos souvenirs en bel avenir
Il était trop tard quand je t'ai vu filante
Définitivement se perdre
Dans cette nuit étoilée

Un abri pour l'orage

C'était hier et ce sera demain, le total chaos
Quand la terre brûle et que la boue coule
Je marche seul dans le désert, épuisé
« Entre" dit-elle. "Je t'abriterai de l'orage"

Je consomme et je me consume sans fin
Je dévore et arbore un corps de sculpture
La terre est capricieuse, elle se révolte
« Entre » dit-elle. "Je t'abriterai de l'orage"

J'ai peur des autres et des apôtres
Je vois les anges en haut de la tour de guet
Ou des machines qui prennent le contrôle
« Entre », dit-elle. "Je t'abriterai de l'orage"

Depuis quand sommes-nous présents
Et depuis quand devenons-nous absents ?
L'amour nous changera-t-il ou est-ce trop tard
« Entre » dit-elle. "Je t'abriterai de l'orage"

Combien d'espèces a-t-on anéanties ?
Et combien de temps nous reste-t-il ?
Aurons-nous le temps de mettre le pied sur Mars ?
« Entre », dit-elle. "Je t'abriterai de l'orage"

Je souhaitais quitter mon petit village
La ville et les vils l'ont absorbé
Le puzzle s'est refermé il manque une pièce
« Entre », dit-elle. "Je t'abriterai de l'orage"

J'ai cherché les mots, les joyaux dans ceux du poète
La musique classique dans les nouveaux mauvais morceaux
Les prédictions et les dystopies effrayantes
« Entre » dit-elle. "Je t'abriterai de l'orage".

Ce chemin qui est le mien et aussi le tien
Fatigué mais encore debout, traqué sans un sou
Je ne recule plus je sais que cela viendra
« Entre » dit-elle. "Je t'abriterai de l'orage"

Soudain elle se tint, face à moi, les cieux à son écoute
D'une présence délicieuse qui déroute, elle déroule
Elle s'avança vers moi si gracieuse et ôta mes pensées d'épines
« Entre » dit-elle. « Je t'abriterai de l'orage, te ferai devenir un sage »

Embourbé jusqu'au cou

Laquelle des variantes fut la plus belle ?
Le soleil se lève, elle est encore allongée
À se demander si ce corps a changé
Si ses cheveux blonds sont assez longs

De génération en génération ils vont en baver,
Toujours plus pauvres et moins sobres
Les femmes feront le parterre et la lessive dociles
Les hommes partiront à la guerre ou à l'usine
Il peut partir sur les gris chemins
Vers de plus beaux lendemains
Mais la pluie le suivra où qu'il aille, on verra
Rien personne ne l'empêchera
Embourbé jusqu'au cou

Elle était un peu infidèle bien trop belle
Sur le point de divorcer, pêle-mêle
Je crois qu'il l'a bien remise en selle
À moins que ce ne soit le contraire
Ils y allèrent très fort, trop fort
À sortir de leur zone d'inconfort
Ils ont pris à toute vitesse l'autoroute du soleil

Et après des jours sans faim et des nuits de miel
Ils ont laissé la vieille caisse épuisée sur le bord

En panne sans ressort, et alors avant que l'un d'eux ne s'enfuit

D'un commun accord avant que l'amour n'aille droit vers la mort

Elle s'est retournée ses yeux bleus pleurant dans la nuit sous la pluie

Elle a dit "Ce n'est pas une fin sans doute"

"Nous nous croiserons une autre fois sur la route"

Embourbés jusqu'au cou

De petit boulot en petit boulot

De petite galère en grande galère

Il en a eu des mots

D'émoi et des moi(s)

Des bagarres et quelques hasards

Un hussard est tombé du toit

Un motard a eu son accident sans sa guitare

Il en dit quoi Zimmerman ?

Il est tout seul en détresse

Avec de nombreuses maîtresses

Mais il n'y en qu'une qui lui manque

De ce passé sans compte en banque

Enfin de ne plus être embourbé jusqu'au cou

Un peu cliché comme choix petit poète

Cette belle serveuse, réelle, bonne bosseuse

Il la mate fier devant sa énième bière

Elle lui rappelle tant cette aventure fiévreuse

Et quand les clients du bar rentrent se coucher
Il attend patiemment qu'elle vienne le toucher
Elle s'approche sur la musique en fête
De ce Simple twist of fate
Elle lui susurre à l'oreille que c'est l'heure
Et il lui dit : « Es-tu sûre, j'ai trop peur
Que l'histoire se répète »
Et qu'il a mal à la tête
Et qu'il a mal au cœur
Depuis qu'il est embourbé jusqu'au cou

Attends-moi un petit instant je te ramène
Dit-elle, tu n'es pas en état, avec toute ta peine
Et avant que ne reparte cette reine
Elle lui déposa dans son cou un doux bisou
Il lui prit alors le poignet délicatement
Comme quand on tient un petit animal
Et lui répondit : « Le monde tourne mal,
Mais dis-moi avant comment tu t'appelles »
Depuis quand un homme se fait ramener
Par une belle qui ne sera jamais la sienne ?

Elle s'est retournée, un sourire de sirène aux lèvres
Et quand il s'est replongé dans le fond de son verre
Il s'est mis à croire que c'était un rêve
Que lui habituellement était embourbé jusqu'au cou

Et le cow-boy sans son cheval est sorti titubant

La dernière variante du poème est la même

Le passé le présent le futur s'emmêlent étonnants

La fille aux longs cheveux blonds n'est pas une illusion, il l'aime

C'est elle qui l'a ramené à son hôtel

Qui l'a remis sur les rails,

Vers le droit chemin

Avant qu'il ne déraille

En le sortant de la boue

Lui déposant un dernier doux bisou dans le cou

Un simple coup du sort

Elle le ramena à cet hôtel miteux
Où scintillait un vieux néon généreux
Aucun des deux ne prononça de mots
Les étoiles étaient leur seul réconfort
Dans ce monde tristement beau
Il avançait, ébréché dans son corps
En attendant un simple coup du sort

Pourquoi il ne la remercia même pas
Quand elle l'aida en lui prenant son bras
Et qu'elle le guida dans ses propres pas
Il ne le sait pas, mais, qu'il était bien
Sans avoir à se soucier de son destin
Elle ouvrit la porte d'un nouveau décor
Pour la grâce d'un simple coup du sort

La suite, il ne s'en souvient plus
Quelle importance, la belle lui avait plu
Elle l'a couché et dans ses yeux il a vu
Un éclair de beauté le foudroyant
Un sourire éclatant le transperçant
Une aura au-dessus puis au-dedans
Revenant comme un simple coup du sort
Un saxophone jouait quelque part

Il se souviendra de cette histoire
Comme de celle qui l'a encore laissé choir
Le parquet flottant saugrenu,
L'odeur agréable de ce corps perdu
Les volets roulants à moitié descendus,
Qui laissaient passer la lumière ténue
À l'aube avenant, oubliant ce simple coup du sort

Quand il se réveilla au soleil brûlant
Il comprit rapidement, le mauvais chant
Du perroquet incessant, de cette absence
Remontant le fil du temps
De ces moments d'errance
Cette chambre vide était encore remplie de
Cette courte espérance qui s'est fait appeler Sara
Emportée par un simple coup du sort

Certains diront qu'il a péché
De ne pas avoir voulu chercher
Dans les docks, dans les cafés
Cette âme qui serait sa moitié
Que de regrets en remords
Il détruira son propre corps
Mais peut-être qu'encore
Ils se retrouveront sur un simple coup du sort

Clair de Lune

Les saisons défilent et mon triste cœur est à tire-d'aile
D'entendre à nouveau le doux son mélodieux du chant
de l'hirondelle
Viendra-t-elle me retrouver seule au clair de lune ?

À la lumière du crépuscule, quand le jour s'est alangui
Entre petites pensées, coquelicots et pissenlits,
La terre et le ciel se mêlent au fruit de mon envie
Viendra-t-elle me retrouver seule au clair de lune ?

L'air pesant est de plus en plus suffocant
Le long du fleuve zigzaguant dans les champs
Là où les oiseaux de passage ont posé leur flanc
Viendra-t-elle me retrouver seule au clair de lune ?

Je prône la paix et l'harmonie
Et les bienfaits de l'empathie
Je sais saisir les bons moments de la vie
Et je la ferai passer de l'autre côté de la rive

Inutile de s'attarder ici ou là
Il ne faut pas être oisive
Je sais le genre de choses qu'elle aime

Le ciel s'est empourpré
Certains sont tombés dans les prés
Jugés, condamnés, deux trous rouges au côté
Droit, j'attends le cygne dans toute sa beauté
Venir me retrouver, soliste au clair de lune

La main sur la poitrine
Il fait un somme, étendu
Dans le frais cresson bleu
Où chante une rivière

J'entends le chant des sirènes
Elle danse avec les loups
De la guerre des roses, au dahlia noir
Jusqu'à la dame aux camélias
Viendra-t-elle seule me retrouver au clair de lune ?

Au clair de lune
Elle viendra seule me retrouver

Tu ne vas nulle part

Sous les nuages de poussière je la vois
La pluie noire ne tombera pas cette fois
La porte ne se refermera pas sur moi
J'ai trop froid sans toi
Colle-toi à moi par ce temps hivernal
Je ne pars nulle part sans toit
Waouh ! Emmène-moi plus haut
Ensemble nous irons il le faut
Comme des fiancés de l'éternité
Waouh, nous allons voler
Sur le matelas magique !

Depuis que je t'ai retrouvée
Après tant de recherches de trajets effectués
De matins gris et de nuits d'insomnies
D'argent et d'énergie employés
Prends ton sac à dos
Tu ne vas nulle part sans moi
Waouh ! Emmène-moi plus haut
Ensemble nous irons il le faut
Comme des fiancés de l'éternité
Waouh, nous allons voler
Sur le matelas magique !

Prends avec toi un chapeau
S'il le faut je porterai ton fardeau
Te donnerai de mon eau
Attache-toi à moi
A l'arbre avec ses racines
Nous n'irons nulle part que dans les bois
Waouh ! Emmène-moi plus haut
Ensemble nous irons il le faut
Comme des fiancés de l'éternité
Waouh, nous allons voler
Sur le matelas magique !

Le grand Dylan
Ne pouvait pas écrire
À tous ses fans
Des lettres d'amour
Mais nous, nous grimperons
En haut des monts, des merveilles
Nous y serons un jour, j'y veille
Waouh ! Emmène-moi plus haut
Ensemble nous irons il le faut
Comme des fiancés de l'éternité
Waouh, nous allons voler
Sur le matelas magique !

Elle fait comme si on venait de se rencontrer

Je n'arrive pas à comprendre
Elle me tient toujours la main
En me coinçant ici face à un mur
C'est sûr je voudrais bien savoir
Pourquoi elle est restée
Juste derrière moi elle est chaque fois plus belle
Depuis le jour où elle a enflammé mes sphères
Elle disait que je pourrais l'oublier
Mais quand le matin apparaît
Elle est toujours à mes côtés
Et fait comme si on venait de se croiser

Ce n'est pas récent pour nous
Mais ça restera un mystère
Puis ça deviendra même un mythe
Pourtant c'est difficile d'imaginer
Qu'elle puisse rester la même
Que celle qui fut près de moi la nuit dernière
Qu'elle soit passée des ténèbres à la lumière
Pour illuminer mon plus beau des rêves
Et qu'il en soit de même pour elle
Cela reste exceptionnel
Pour une fille que je venais à peine de rencontrer
Quand elle a très mal,
Je nous soigne pour deux
Et au final, c'est elle qui nous guérit

Quand elle n'est pas près de moi
Je m'en veux loin de ses yeux
Mon joli cœur se flétrit
Le retour est alors des plus explosifs
Entre nous un amour charnel intensif
Un amour éternel qui ne s'use jamais
Un amour passé qui sans cesse est retrouvé
Pour celle qui venait de m'apercevoir

Quelquefois il est difficile
Avec mes envies de prendre la route
Mais jamais je n'ai de doutes
Malgré ce temps qui file et défile
Je t'y mettrai dans mes valises
Et toi toujours sur mon ciel tu vises
La lune, le soleil, les étoiles,
Tu seras dans tous mes écrits dans toutes mes toiles
Crois-moi mon amour
Et fais toujours comme si l'on venait tout juste de se
rencontrer

La fille de mes 12 ans

Nous sommes tous les mêmes
À n'avoir qu'un roi, n'avoir qu'une reine
Dans cette vie éphémère nous faisons tout comme
Et l'on s'enchaîne tous à ses souvenirs
Sans les ternir juste pour les faire frémir
Moi, c'est à la fille de mes douze ans

Il suffit d'éteindre la lumière pour la faire revivre
Sous la lune, dans les étoiles naissantes
Je la revois jaillissante, toujours plaisante
La jolie fille de mes douze ans

J'étais assis à ses côtés sans pouvoir lui parler
Elle avait de longs cheveux blonds
Des yeux d'un bleu profond
Elle avait mon âge et sur le même banc
J'étais sur un nuage sans pouvoir tourner la page

Comment pouvait-elle être aussi belle
La cavalière en selle tutoyait mon éternel
Si j'avais pu je l'aurais emmenée
Sur mes deux ailes pour lui plaire
Au lieu qu'elles m'appartiennent
Dans mon imaginaire

La fille de mes 12 ans est intouchable
Elle n'a pas grandi ni gravi les montagnes de sable
Elle est incroyable elle est intouchable
Elle est ineffaçable tel un diable qui m'accable

Elle se tient au bord de mon âme rouge
Et dans ma p'tite tête encore elle bouge
J'attends toujours qu'à ma porte elle sonne
Tu n'es jamais partie loin ma mignonne

Allons voir si la rose de votre jeunesse fleuronne
Dès que j'ai posé en son temps mes yeux sur vous déesse
J'ai perdu ma liberté dans cet amour qui m'illusionne
Mais que je savoure sans cesse en simple troubadour en
liesse

La magnifique fille de mes douze ans
Je n'ai jamais essayé de la retrouver
Par peur de ne plus l'aimer
Une fleur meurt dans chaque cœur
Mais un premier amour dure toujours

Puis un jour le hasard nous a fait nous rencontrer
Pour plus jamais nous quitter, pour toujours nous aimer

Je dédie ce poème à cette fille que j'aime
Et qui m'aimera éternellement quoi qu'il advienne

Ange de Lumière

Ange aimé, sous le soleil
Vous avez été celle qui m'a montré
Que j'étais aveuglé,
Montré où je devais aller
Vous avez su me montrer
Comment construire une base solide
Là où tout autour il y avait des ruines

La période est propice à l'instabilité, l'individu alité, la
fausse prospérité
La pensée commune est d'écraser son prochain par peur
d'être le suivant sur la liste
Le mal se glisse dans nos draps de soie,
Nous désirons la lune en un claquement de doigt
Il suffit pourtant d'ouvrir son cœur pour propager la
beauté, la bonté
Qu'on le croit ou pas

Ange de lumière, ange de lumière sur moi
Ange de lumière
Je ne pourrai pas y arriver sans toi,
La nuit se serait emparée de moi

Ai-je été bien élevé à la petite monnaie
Ou aux gros billets ?

À une belle hérédité
Ou à un travail scolaire acharné ?
Par deux parents bien éduqués
Et des enseignants bienveillants ?
Ai-je été une bonne tige qui a poussé bien droite
Ou une ronce tordue qui a fait ce que l'on ne voulait pas
qu'elle fasse ?

Ange de lumière, ange de lumière sur moi
Ange de lumière
Je ne pourrais pas y arriver sans toi,
La nuit se serait emparée de moi

Puis est venu le temps de l'adolescence
Où peut-être tout était déjà joué
Mes amitiés sont-elles bien fondées ?
La tige ne s'est-elle pas transformée ?
Me suis-je fait malmener, abuser,
Écraser par un connard de diable ?
Suis-je devenu minable ou me laisse-t-on le croire
Dans une vie de sable ?

Ange de lumière, ange de lumière sur moi
Ange de lumière
Je ne pourrai pas y arriver sans toi,
La nuit se serait emparée de moi

Nous ne naissons pas mauvais
Mais il faut savoir saisir les anges qui passent
Savoir écouter ses voix d'anges précieuses
Qui nous guident vers des voies douces et délicieuses
Savoir aussi transmettre ce qu'il y a de bon en nous
Pour pouvoir devenir un jour à notre tour
Un ange de lumière

Un ange aimé sous le soleil

Ange de lumière, ange de lumière sur toi
Ange de lumière
Tu ne pourras pas y arriver sans moi,
La nuit se serait emparée de toi

Deux doses d'amour

Bob a clamé qu'il avait besoin
D'une dose d'amour
Moi j'ai besoin de deux doses d'amour
Deux doses d'amour.

Pas besoin de dose de drogue pour oublier ma souffrance
Pas besoin de dose d'alcool pour oublier ma petite enfance
Pas besoin de dose de mensonge pour quitter mon épouse sans défiance
Pas besoin de dose de télévision pour faire de nous des moutons ou des souris pour la science

Moi j'ai besoin de deux doses d'amour
Deux doses d'amour.

Docteur Lisa j'ai besoin d'assistance.
Le monde tourne mal il est sale et abominable
J'attends qu'il tombe
Je ne dors plus je mange trop
Suis en colère même contre mon père mort en guerre
Personne ne sera sauvé n'en déplaise à Jésus
N'en déplaise aux crésus et tous ceux qui pensent à tort avoir pris le dessus

Moi j'ai besoin de deux doses d'amour
Deux doses d'amour.

Je n'ai pas besoin d'alibi si je ne mens jamais
S'ils veulent m'enfermer qu'ils ne s'en privent pas
Qu'ils fassent couler mon sang
S'ils veulent me gifler je n'ai que deux joues
Qu'ils fassent couler de mes yeux de l'eau salée
S'ils veulent me détester, me prendre pour un fou
Qu'ils me croient ou ne me croient pas
Je ne m'en fais pas
J'ai toujours avec moi deux doses d'amour
Deux doses d'amour.

Pourquoi devrait-il en être autrement ?
Ils ont tué nos frères
Violé nos sœurs
Entassé dans des mouroirs nos parents
Donné des armes à tous nos enfants
Pour un faux dieu sans cœur ni amour
J'ai toujours avec moi deux doses d'amour
Deux doses d'amour.

Une pour moi et une pour toi.
Parce que tu es mon ami
Mon frère ma sœur
Ma chair et j'ai besoin de toi
Autant que tu as besoin de moi

De ta dose d'amour
De ta dose d'humour
De ta dose d'un jour
Qui se transforme pendant mes nuits
En de nombreuses et heureuses doses d'amour.

Merci donc docteur Lisa de me fournir toutes ces doses
Et d'en fournir à tous tes patients impatients en dose
d'amour.

Je me souviendrai d'elle

Je me souviendrai de cette première fois
Quand j'aurai oublié jusqu'à l'instant d'avant
Je me souviendrai quand je t'ai vue défilant
Devant moi, je n'avais rien vu de plus tentant

Tu étais un mirage et moi un enfant (insolent)
Je voyais l'océan au milieu du désert
J'étais coupable, en te regardant autant
J'ai gardé cette image mais à quoi ça sert

Je me suis noyé combien de fois depuis toi
Dans ma mémoire tu es celle qui revient
Tu es la seule qui as tant compté pour moi
Dans mon histoire sans cesse tu m'appartiens

Comment une inconnue sans être mise à nue
Peut me poursuivre alors que j'ai tout perdu
Se peut-il que je ne l'aie jamais vraiment vue ?
Dans cette rue sans issue elle m'est apparue

C'était un hasard je sortais de la gare
Le ciel était très noir je n'avais pas d'espoir
Elle avait l'air pressée, son train était au départ
Pressée de retrouver son prince, son manoir

Il était presque trop tard il faisait bien sombre
Elle était sans far, pourquoi ne courait-elle pas ?
La grâce dans chacun de ses pas sans une ombre
En un éclair, le coup de foudre, mon trépas

J'avais devant moi une œuvre d'art fantastique
Comme on n'en voit qu'une fois dans sa courte vie
Qu'il ne faut avoir que dans sa vie féerique
Elle était là, le temps suspendu, assouvie

Je restais coi, quel grand bonheur d'être asservi
Aux rapides délices du plus beau jour
Du plus beau jour du reste de ma vie, merci
Tu fus là sans le savoir mon plus bel amour

Je suis resté peut-être dans tes souvenirs
Quand le vent souffle puis que le tonnerre gronde
Quand tu auras aussi perdu ton avenir
Nous nous croiserons alors dans un autre monde

Nos souvenirs renaîtront dans nos âmes vagabondes
Où nos belles envies deviendront élégamment fécondes

L'esprit en haut de la terre

Pour l'esprit en haut de la terre
On n'fait pas forcément la paire
Je pense tant à toi baby
J'ai du mal à m'endormir
Je vais aux quatre coins du monde
Pour tourner et tourner les pages
Mais dans mon esprit tu rodes
Je ne peux casser ton image

L'oubli était presque arrivé
Quand tu as débarqué à temps
Je savais et j'ai toujours su
Que nous sommes du même vent
Quand tu t'approches de moi
Je suis si fou de ton minois
De toi à moi n'y a pas que ça
Et toi de moi t'en penses quoi ?
Cela ne s'explique pas voilà
L'amour te prend toujours de court
Et ne te quitte plus mécréant
Quand il te prend dans ses bras

J'ai traversé des océans
Me suis brûlé sur des volcans
Perdu des batailles en enfer
Mais avec toi je suis aux anges

Le jour où je ne t'aurai plus
J'aurai tout perdu tout perdu
L'amour au fond de l'océan
Mon âme a un revenant

Tes choix je ne les comprends pas
Quand tu danses un pas en avant
Puis tu fais deux pas en arrière
Je ne sais pas où tu nous mènes
Mais quand t'es là à mes côtés
Rien non rien n'a d'importance
Je ne peux pas être plus heureux
Qu'un vieux en cure de jouvence

Ton corps est tout en sucrerie
Ton parfum des plus enivrants
Je veux la prunelle de tes yeux
Laisse-moi te croquer sans fin
Jamais je ne te décevrai
Je veillerai sur toi la nuit
Le jour j'exaucerai tes vœux
Promis je te le prouverai

L'esprit en haut de la terre
N'a pas à s'inquiéter, ma chère

Afin que tu saches que je t'aime

Quand la pluie inonde tout ton visage
Que tu ouvres en grand toutes les cages
Je te prendrai dans mes bras d'une douce étreinte
Afin que tu saches combien je t'aime

Quand dans la nuit trop noire tu as trop peur
Et que nul ne se préoccupe des larmes de ton cœur
Je te serrerai contre moi pendant des heures
Afin que tu saches combien je t'aime

Je veux vaincre tes doutes sur notre amour
Je veux te convaincre de venir au grand jour
Sache que jamais je ne ferai de mal à une sainte
Je sais qui tu es et jamais je ne me sauverai

Je serai ce que tu chercheras à Paris
Voyou de deux sous à Las Vegas
Charmeur de serpent à Marrakech
Clown triste sur la piste de Courchevel
J'irai sur la lune, Mars ou Vénus
Pour toi je ferai tout,
Je serai tout
Même un doux fou
Afin que tu saches combien je t'aime

Quand la tempête fera plus que rage
Que la peste nous fera tourner la page
Je serai ton héros le plus grand, le plus sage
Celui que tu n'as jamais vu même en image

Je te rendrai heureuse, je réaliserai tes rêves
Pour toi je ferai tout
J'irai jusqu'aux confins d'un monde qui s'achève
Afin que tu saches combien je t'aime

Dylène

Tu descends le sentier, tu marches vers le soleil
Tu ressuscites le mort, tu fais pleurer le ciel, Dylène
Je suis le petit prince, tu es la majestueuse reine

Ce chemin du bien c'est le tien, le mien est tortueux, viens
Viens je n'attends que toi, comme gentiment un chien attendrait son maître parti depuis trop longtemps
Dylène la mienne
Tu le sais je n'ai rien eu de très charmant quand tu fus ma princesse un temps

Pour sûr elle ne m'en veut pas, elle assure la fille aux yeux si purs
Elle sait ce que je peux ou ne peux pas, je la veux pour me rendre heureux
Dylène ma reine
Elle seule sait mes fêlures et mes moments durs
Je l'aime, je le jure

Il n'y a qu'elle, dans mes rêves, à la ville, sur le devant de la scène.
Il n'y a qu'elle, Adam aime Eve, il n'y a pas de dilemme.
Dylène ma Jolène, mon étincelle,
Tu es la sève qui coule dans mes veines,
Dylène, tu es toutes mes chaînes

Reine des Muses

Chante pour moi, reine des Muses
Chante la montagne, chante le plat pays
Chante Alléluia, chante l'Ave Maria
Avec ton cœur, avec ton âme amuse
Chantez derrière ensemble tous en chœur
Chante pour moi, reine des Muses

Chante nos amours, chante, chante toujours
L'amour perdu, l'amour retrouvé, l'amour vécu
Celui du soir, celui de l'espoir, celui d'un jour
Celui trop tôt disparu, celui d'une belle inconnue
Celui qui dure, celui qui vacille,
Celui qui roule des tambours
Chante pour nous, reine des Muses

Fais comme Bob Dylan fais des merveilles
Avec ta voix sois une sirène, éponge nos peines
Et engloutis-nous dans ton escarcelle
Ou emporte-nous dans ta caravelle de reine
Avec des chanteuses, des mannequins, des abeilles
Chantez pour elles, reine des Muses

Calliope, je ne l'ai pas mise en cloque
Cette belle sale... espérance c'est ma muse
Elle se moque de moi elle me choque
En terre promise elle est pleine de ruse

Je frappe à sa porte, amoureux, toc, toc
Reine des muses descends de l'olympe

Reine des Muses tes poèmes sont épiques
Les miens piquent, brique après brique
Accepte mes petites colères, mes travers
Mes vers bancals, mes mots amers
Voudrais-tu de moi ? Je t'offre mes bras
Danse avec moi, reine des Muses

Allons-nous baigner douce ingénue
Nous promener dans les bois
Aux arbres chenus
Allons ailleurs côtoyer l'inconnu
On a la vie devant soi,
Depuis que tu es venue

Ma reine des Muses
De ton amour que j'en abuse

Atteindre le paradis

Une nouvelle fois les cieux se mettent à gronder
Moi à suffoquer et si c'était la dernière fois ?
J'ai longtemps marché sous le feu d'un avenir incertain,
D'un passé accablant s'évaporant au fil du temps
Alors j'ai poursuivi dans ce désert éprouvant jusqu'à
espérer
Atteindre le paradis avant que les portes ne se referment

Quand j'ai passé la frontière ils ne voulaient point d'un
migrant
Je suis parti précipitamment dans un mensonge dément
Pourquoi as-tu brisé un cœur qui t'aimait
Comme aucun ne pourrait jamais aimer ?
Tu peux brûler tous mes poèmes Dylaniens
Maintenant
J'ai marché dans la steppe infernale pour oublier les
traîtres
Atteindre le paradis avant que les portes ne se referment

Les bateaux d'animaux se remplissent
Y a-t-il une place pour l'homme seul ?
Sans la compagne aux longs cheveux blonds lisses
Y a-t-il une place pour l'homme qui pleure ?
Malade d'amour à chaque heure du jour

J'ai traversé le fleuve violent en ce soir d'orage il me fallait

Atteindre le paradis avant que les portes ne se referment

J'ai pris le train pour faire pleurer mes amis
Pour ne pas rester assis amer sur le quai
Pour rejoindre les mystères de l'ouest
Pour que l'on me remette sur les rails de la vie
Je souhaitais échapper à ces mauvais présages
En allant le plus loin possible
Vers ce ciel brûlant
Avant que les portes ne se referment

Je suis descendu j'ai pris un bus rouge pour le cirque du bout du monde.
Plein à craquer d'individus tondus je me suis fondu dans la masse
Tous étaient debout, ailleurs, sens dessus dessous
Une fille qui te ressemblait m'a frôlé froide et si frêle
Que j'étais prêt à agir s'il fallait que je la ramasse
C'était nouveau pour moi de me préoccuper de la fragilité
D'un être même à demi-vivant

Quand il n'y eut plus de route
Le conducteur a freiné légèrement trop sec,

Ma main a attrapé par l'avant-bras ce corps de plumes à côté de moi

Qui était en train de tomber inexorablement

Quand la fille a tourné son regard dans le mien sans expression, un ange est passé

Mais déjà tous les gens sans bruit se sont mis à avancer

Avant que les portes du bus ne s'ouvrent

Une fois tous descendus,

Le troupeau est parti dans la même direction

En silence sans attendre

Moi je suis resté à regarder le bus faire demi-tour

Et repartir au loin dans la poussière jusqu'à le voir disparaître

J'étais seul dans ce paysage presque lunaire

Avec la fille qui n'avait pas suivi la cohorte

Mais qui la regardait s'acheminer sans sourciller

Elle m'a regardé de ses yeux bleus très clairs

Et m'a demandé si nous étions arrivés au paradis céleste

Je n'ai rien dit

Je lui ai pris la main

Et nous sommes partis

À toutes mes Sara réunies

Je rejoue ton passé sacré pour j'espère un bel avenir
Demain on ne sera que poussière dans leurs souvenirs
C'est ainsi, pourquoi s'en plaindre si l'on n'y peut rien, tu
as connu des jours heureux
Et des fins du monde de nombreux matins
Madona

L'argent et la gloire ne rachèteront pas le sang que tu as
fait couler et celui qui ne coule plus dans tes veines
Je dois partir ce soir à la recherche de ce que j'ai perdu
Un mauvais jour de trop de peines
Marie

La fille de l'hôtel, je ne l'ai pas sauvée pas plus que moi
ne m'en suis libéré
Elle avait les yeux noirs dans cette autre histoire
À tout bien considérer elle était exaspérée de ne pas être
désirée
Elle s'appelait Dylène
Elle s'était assise pas très loin de moi, sur une caisse de
bois
Elle n'avait qu'à claquer des doigts, pour me mettre sur sa
croix
Elle pouvait faire tomber la pluie de mes yeux gris,
Me manger tout cru ou bien tout cuit,
La jolie Rosie je l'avais vue un mardi,

Et elle était sortie de ma vie le même mardi dans les bras d'un ami
Parti lui aussi depuis
Oh Sara tout est blanc

De ma plume en demi-lune mon amie,
Je volerai vers toi et atterrirai dans ton cœur aux mille couleurs
Tu aimeras l'or que je n'aurai pas, les diamants que je ne te donnerai pas,
La vieillesse qui nous tiendra en liesse ensemble au jour le jour
La belle Debbie

À toutes mes Sara réunies

J'parle pas

Comme je partais ce matin dans les verts pâturages
Les fleurs des champs étaient butinées par une poignée
d'abeilles
J'étais simplement heureux de n'être là que de passage
Personne n'était là pour taper sur un vieux ou une vieille

J'parle pas, je fais des pas
Mon cœur brûle de désir
Dans ce monde perdu las
Je pars vers la station Mir

On dit que de là-haut le pouvoir n'est plus entre ses
mains
Que l'homme ne fait plus la distinction entre le mal est le
bien
Je fais ce que je peux sans pour autant me considérer
comme un saint
Hélas la propagande quand tu nous tiens

J'parle pas, fais de petits pas
Mon cœur brûle il te désire
Dans ce monde où bonheur n'y a pas
Rejoins-moi dans mon beau délire

Ils pleurent tous l'ancien temps celui juste d'hier
Celui où l'on s'embrassait, où l'on se rassasiait

De l'écrire j'en pleure la gorge sèche peu fier
De ne pas m'être assez battu, d'avoir fait le niais

J'parle pas, marche sans appât
Sur cette terre sans mer ni frère
Mon cœur noyé, encore se bat
Je traverse les cités de la peur

Le monde ne tourne pas plus mal
Il ne tourne plus, le temps s'est figé
Il faut chercher pour trouver la diversité animale
Il est trop tard pour faire marche arrière tu n'as pas pigé

J'parle pas, je marche, pour moi c'est tout
Je mange des racines et quelques pois mange-tout aux
œufs de fourmis
Mon cœur brûle, au désir un peu saoul
Un jour je serai « so happy » de te retrouver ici

Ils nous ont écrasés de leur cupidité, c'était bien fait
Pour nous qui ne nous sommes pas révoltés
Nous nous sommes laissé embobiner
Maintenant plus de pâte à tartiner de miel à récolter

Je ne parle pas je marche, un point c'est tout,
Avec ma canne de pèlerin, mon carnet d'écrivain
Mon cœur se consume, l'amour au bout
De mon misérable cerveau j'essaie de te chasser, en vain

Combien de loyaux compagnons j'ai perdu en chemin
Combien sont devenus assassins ou petits fantassins
Et pourquoi dans ces sombres lendemains
Je t'aperçois sur cette longue et solitaire route balisée de croix

Je ne parle plus, je marche, vers où
Je souffre tant bien que mal, j'avance, sans le moindre sou
Tant que mon cœur bat, que tourne la roue
Que ne l'on m'enferme pas avec vous les fous

Les cieux sont éclatants et la lune m'accompagne
Le soleil brûle toujours plus et les hommes s'embrument
Et toi voleur de princesse que deviens-tu sur ta tour de Magne ?
Et toi belle blonde es-tu devenue brune, veux-tu redevenir ma compagne ?

Je ne parle pas je poursuis mon aventure
Je porte le fardeau d'un homme à moitié mort
Mon cœur brûle son sort, il désire encore
Je marche avec une obstination si pure

La souffrance est toujours oppressante
Mais dans des moments d'immenses vides

Une brindille de vie, un miracle peuvent apparaître bien présents
Pour moi ce fut ce soir de toucher à la commissure de tes lèvres une minuscule ride

Tout ton corps me parle, je ne marche plus,
Tu me racontes ton long parcours
Dans mon cœur recollé il ne pleut plus
Depuis que retrouvé règne l'amour

Puis ensemble jusqu'à la fin des temps
Nous avons marché, gravi des montagnes
Traversé des plaines, le désir ardent, le cœur léger
Et nous avons dit au monde qu'il valait la peine

Toutes ces années gaspillées

Cela fait si longtemps que j'ai tout oublié
Oublié combien l'on s'est aimé
Oublié combien nous étions liés
Comme un bateau à quai bien mal arrimé

Combien de temps je fus le seul homme
Le seul homme dans ta vie de bohème
Pour qui il t'était impossible de dire je t'aime
Combien de fois il en était de même
Pour ma pomme

Où es-tu partie, âme sœur ?
Où suis-je allé oiseau lyre ?
Qui as-tu trouvé de pire ?
Pourquoi n'ai-je rencontré rien de meilleur ?

Des tempêtes il s'en est passé
Des miens j'en ai perdu tant
Que je ne les ai pas tous comptés
Que j'ai préféré rester ignorant
En ne chantant plus que les jours fériés

Danses-tu comme autrefois endiablée et envoûtante
Comme une africaine les chaînes rompues,
Le corps d'une beauté somme toute surprenante
Dans des tenues attisantes des combats de rue

Après une journée où le soleil a brillé et brûlé
Au crépuscule les individus se rassemblent
Pour s'affronter en s'amusant ensemble
Avant de mourir de plaisir et filer
Au rythme du djembé
Il n'y a rien à voir, circulez

Je n'ai rien d'une méga star
Pour porter des lunettes noires
Mais j'ai des secrets bien gardés
Des regards de travers prêts à me poignarder

Les syndicats se sont levés de la table ovale
On leur a refait le coup des Indiens et des visages pâles
Sa seule amie la bouteille vide la démarche ivre
Le bateau est rempli, leur ventre aussi il faut bien vivre
On ne mélange pas les salades il n'y a pas d'ange pour
s'occuper de nos malades
La chance de ta vie c'est d'être née ici avec tous les soucis
de là-bas en faux ami
Entre l'enclume et le marteau il y a la faucille et avec ta
tête à plume d'imbécile tu fumes un joint sous cinquante
et une étoiles le soir de ta fête

Pourquoi nous nous sommes séparés
Nous nous n'y étions pas préparés

Et pourtant nous l'avions fait, juste mariés
Toi dans un train à l'est vers les tiens
Et moi dans un wagon à l'ouest comme un chien
Un chien errant solitaire sur un tortueux chemin
Complètement égaré complètement barré

Aux antipodes, deux aimants s'attirent
Et comme on dit pour le meilleur ou pour le pire
Âme sœur ou oiseau-lyre il et elle, virent
Toutes ces années gaspillées

Toute ces années gaspillées accrochées
À un bonheur suranné il y a des milliers d'années
On s'est trop aimé sans rien semer de damner

Je ne suis qu'un individu

Ce jour, demain, et hier mais dans quel ordre
Tout a une fin, les fleurs meurent, Cassandre
Ce n'est pas de la mythologie, une vue d'esprit
Certains le crient, d'autres en rient et toi tu pries
La malédiction va tomber et pas que sur la mer
Moi je ne suis qu'un individu calme, peu disert

Je n'ai qu'un cœur qui s'arrêtera de battre
Rien ne sert de combattre ni vouloir abattre
Si tu cherches ailleurs c'est qu'ici ce n'est pas meilleur
J'écris de petites poésies et si tu en lis cela suffira à mon bonheur
Posthume ou pas, marche dans les pas de tes pairs
Moi je ne suis qu'un individu calme, peu disert

Je n'ai ni Cadillac ni noire moustache
Je n'ai qu'une bague et cache mon panache
Que va-t-il se passer, il faut continuer
Les rêves des autres peuvent faire des nuées
Il faut faire ce qu'il nous plaît sur cette belle terre
Moi je ne suis qu'un individu calme, peu disert

Je n'ai que la moitié d'une âme l'autre est à madame
Je n'ai ni dieu ni célébrité ce n'est pas ma came
Je n'ai ni regrets ni remords quand je m'endors

Je n'en demande pas toujours, encor' milord
Et quand il fait froid dehors rentre chez moi très cher
Moi je ne suis qu'un individu calme, peu disert

Je ris, je pleure, je vis, je meurs, je suis Marie
Je suis Joseph, je suis tout petit, ça me suffit
Je ne veux pas de beaux objets, de faire-valoir
De midinettes, de revolvers, de mouroirs
Je veux de la joie et partager le même dessert
Moi je ne suis qu'un individu calme, peu disert

Je ne contiens pas de multitudes ça ne sert à rien
Je ne recherche qu'une seule chose le bien
Sur le chemin viens, c'est le chemin de l'amour
De beaux paysages, de beaux humains, toujours
Rien ne te retient allez viens je ne serai pas disert
Moi je ne suis qu'un individu calme, peu disert

Ce n'est pas moi qu'il te faut chérie

Sors de ma vie, de ma vision
Tu t'es toujours trompée sur moi
Pars loin d'ici, d'mon horizon
Je ne serai point ton bon roi
Ton bon dieu, ton homme de bon aloi
Mes rimes perdent la raison
Et ma vie n'est pas mieux, tu vois
Comment te donner la leçon
Te faire partir de la maison
Avec quelques vers solitaires
Quand palabrer, à quoi ça sert
En s'aimant de chair et de mots
C'est insuffisant et tu perds
À la fin on ne boit plus mes paroles,
On ne mange plus la passion la plus folle

Éloigne-toi de mon champ
Ne reste plus aussi près
Tu m'as trop aveuglé en ton temps
Mais comment as-tu fais ?
Dangereuse fée jamais je ne pourrai
Te satisfaire et t'aimer comme tu le voudrais

Je ne suis qu'un homme mortel
Qui va de motel en motel

Et chante le désespoir et tout ce bordel
Qui joue dans le noir avec d'autres, pas plus belles

Va trouver celui qu'il te faut
Qui sera vrai,
Qui t'attendra bien au chaud
Qui ne t'écrira pas à la craie
Et qui te tatouera la peau
Va, tu as trop perdu de temps
Il en existe des bons, des pas méchants
Pour t'aimer plus loin que le bout de leur nez
Qui se mettront à genoux pour t'embrasser
Qui seront prêts à mourir pour leur bien-aimé
Qui seront de bons amants qui te donneront de beaux
enfants

Je ne suis pas celui que tu recherches que tu voulais
Tu t'es accrochée, tu as cru me faire changer
J'ai fait beaucoup, mais qu'est-ce que j'y peux
Si cela n'est jamais assez, mon cœur
Nous avons échoué il faut que tu le comprennes
On ne vit pas avec les chaînes des autres
On meurt avec les nôtres

Tu t'es trompée sur moi
Tu n'es pas tombée sur celui qui aurait été bien pour toi
Malgré tous les pouvoirs d'illuminer le soir, qui te sont
alloués,

D'enchanter les jours les plus gris
Je m'excuse de t'avoir volée
Ne serait-ce que l'espoir de pouvoir t'envoler
Vers de beaux lendemains fleuris.
Va retrouver les bras d'un bel ami
Qui pourra te donner
Tout ce que je n'ai pu te donner
Chérie, tu le mérites tant

Adieu

Tu étais encore endormie, dans ce qui fut notre lit
Quand je suis parti au plus profond de la nuit
Sans bruit, sans au revoir ni vœu pieu
De se promettre du bleu à la place du gris
Des cris de joie d'un proche retour
A la place d'une folie sans détour

Je suis en chemin vers une nouvelle vie
Sans savoir ce que m'apporteront
Ces prochains lendemains sans mon seul amour
Que je chercherai dans chaque cœur que je traverserai
Que j'imaginerai dans chaque vautour qui te fera la cour

Le ciel sera noir, ton espoir s'amenuisera
Et peut-être que le mien s'épuisera dans la froideur du soir
Dans tes pleurs que je ne pourrai plus voir
Je te fais mes adieux mon seul amour

Pardonne-moi de t'avoir abandonnée,
De ne plus être celui qu'il te fallait
D'être celui qui ne pouvait plus te faire rêver
Qui te prenait sans plus rien te donner, te faire espérer
Qui aurait fini par te rendre malheureuse
Et qui t'aurait rendu haineuse et non plus amoureuse

Peut-être qu'en route j'aurai des doutes
Qu'au mois d'août je referai mes valises
J'irai à la guerre, j'irai à Beyrouth
Personne sur mon cœur n'aura la main mise
Je ne serai même plus dans tes prières
Le seul chagrin ne sera que celui de ma mère

La pluie est bien tombée, la grêle enchaîne
Et dans ta peine tu es toujours aussi belle
Je t'écrirai des lettres qui n'arriveront jamais
Faute de ne jamais les envoyer et si je me mentais
Je te partagerai mes voyages chaotiques, mes troubles
d'une vie peu sympathique, mes errances sulfuriques
Mes rencontres éphémères, mes aventures à me perdre,
Mes échecs dont je ne suis pas fier
Ces ressemblances que d'autres ont avec toi
Sans pouvoir rivaliser avec celle qui sera mon seul amour

Je garderai nos bons et beaux souvenirs,
Tes fous rires pour un rien, tes petites manies que
j'aimais bien,
Tes chagrins futiles que je trouvais subtils,
Tes grains de beauté et ton trop plein de charité
Ainsi que la clarté de tes yeux clairs et ton âme sincère.

Je garderai tout, ne jetterai rien
Je te fais mes adieux ma chérie
Toi qui fus mon unique amour

À t'attendre

À attendre qu'elle soit toujours parfaite
À me vendre, rien que pour elle à perte
En haut de l'échelle, baisser la tête
Jamais ne descendre, et prétendre à la fête
J'ai peut-être tout à perdre, gentille alouette

Elle l'emporte sur tout le parcours
Je cours, j'en oublie les autres amours
Je deviens sourd
Je suis un pauvre balourd
À t'attendre

Je crois parfois
Sur ce chemin de croix
Je me plie à la loi
Et une nouvelle fois
J'en perds ma foi
À t'attendre

En attendant qui suis-je, seul
Quand pleurant sous la pluie
Mes yeux gris se confondent avec le ciel

J'ai tout donné
J'ai trop rêvé
J'ai bu ces paroles

J'ai mangé à outrance
L'amour tourne-t-il toujours mal ?
Il n'y a plus qu'à attendre

Quand tu m'as rejoint sur le dernier barreau de l'échelle
avec ta robe coccinelle en dentelle
Ce fut providentiel, nous nous sommes promis
d'atteindre le ciel, devenir éternels
Puis tu es redescendue sur terre, en enfer parmi les
mortels multidirectionnels
J'ai vu partir la bête à bon dieu
Et dans mon vœu pieu de partager à nouveau sa gamelle
Je me suis brûlé les ailes

Je suis là à t'attendre,
Accroché à l'espoir de ton retour
Il n'y a pas d'unique amour
Il y a celui en cours
Celui qui court le jour
Et qui s'éteint le soir

Et puis il y a toi
Qui rodes dans le noir
Autour de moi
Et qui reviens sans cesse
Dans ton corps de déesse
M'apporter du bonheur

N'y pense plus

Je reviens en arrière sans manière
Pour te dire que ça ne sert à rien
De trop me demander pourquoi hier
Tu as fermé mes yeux vénitiens
Mystère et boule de gomme
Tant pis mignonne, en somme
Je ne te veux plus ni du mal ni du bien

Même si tu n'as pas compris, rien n'appris
Que dans ton cœur et dans tes lumières je me suis épris,
puis pris dans le tapis, dans tes yeux bleus gris.
Je suis parti te laissant endormie dans notre lit
À tes soucis, tes phobies, tes mauvais amis.
N'y pense plus, tout va bien

Ça ne sert à rien, les feux sont éteints,
Et tant de chemins ont été parcourus.
Depuis que je ne croise plus
Dans chaque coin de rue
Tant de filles te ressemblant
Tant de filles me refroidissant
Vêtues de blanc dans le vent
Nous ne nous sommes jamais posés ni engagés.
Tes valises étaient fatiguées de trop voyager,
Les miennes trop lourdes comme des barils pleins de
mauvais vin.

J'aurais tout de même aimé, que tu puisses changer et
comprendre enfin, mais le côté obscur t'a attrapée,
Et j'ai décidé de toi de m'échapper.

Tu as crié, pleuré, déchanté au petit jour.
Tu épuisais mon âme, rien n'y pouvait,
Pas même notre plus fort amour.
Aveuglé par le temps qui passe, tu m'as haï,
Quand je me suis envolé vers un autre pays.
N'y pense plus, tout doit bien aller

C'est bel et bien fini, je suis part, fané.
Longtemps je t'en voulus.
Avec toi j'ai perdu de longues années,
Jamais je n'aurais dû rencontrer cette inconnue
Que tu es restée parce que tu n'as rien compris.
On ne peut pas dire que tu n'étais pas gentille,
Que tu étais une mauvaise fille,
Mais tu aurais pu faire mieux du temps que tu m'as pris.
Je ne me panse plus, tout va bien

Plus près de la lune et des étoiles filantes

Comme je sortais un soir prendre l'air
Plus près de la lune et des étoiles filantes
J'entendis une attirante damoiselle
À la plus belle voix que je n'eus entendue
Enchaînée elle s'approcha de moi souriante
Je soignais ses pieds meurtris
Et quand je me relevai
Elle m'offrit ses lèvres brûlantes
Son corps se souleva instantanément
Je compris qu'elle me ferait subir maints tourments

Je ne pouvais point accepter
Je m'arrachai violemment de la chaleur de son âme
Elle me mordit en un éclair la lèvre inférieure
Et du sang coula dans mon for intérieur
Elle me supplia que je ne pouvais plus l'abandonner
Et en pleurs
Que je devais la sauver d'un triste sort
Sans quoi elle en crèverait
Une fois encore

Elle me saisit le bras d'une force immense
Me souffla qu'elle serait douce et fidèle
Que j'aurais de la chance
Qu'elle resterait belle
Qu'elle garderait tous mes secrets

Que nous partirions où je voudrais même plein nord
Qu'elle serait ma reine
Qu'elle me donnerait un prince
Que je me noierais dans un pur bonheur
Au milieu de ses chants de fleurs, de l'épicentre de son
cœur

Je succombai aux charmes de cette sirène
Je déposai les armes, faut dire, sans peine
Quand les étoiles et la lune s'éclipsèrent
Que le ciel rouge apparut
Et que l'astre du jour m'éclaira
Je me suis réveillé
En larmes

La roue tourne

Jadis je me souviens, sans être beau j'étais bien
Je remplissais le seau, je faisais le gentil vaurien
J'étais petit,
Un grand curieux, heureux, sans chercher à asseoir
La beauté à mes côtés

Je n'espérais rien, rien que de te revoir
Je n'étais pas pressé, je savais attendre
Et tendre la joue, le soir m'étendre
Et rêver de ce que j'avais
À savoir rien, rien qu'un soupçon d'amour

J'ai grandi, j'ai fait mes valises
Et dans le miroir une petite fille
Qui elle aussi n'est pas restée assise
Sur les ordonnées et les abscisses
Elle est partie, espérant croiser une autre idylle

Si jadis j'étais un fils, accroché aux ailes
D'un passé illuminé d'illusions
Comme un enfant touchant d'innocence
Tu étais un ange, jamais approché
Le soir tu pleurais, un prince imaginaire
Qui aurait pu être moi, si mes yeux avaient été ouverts
Et puis j'ai vieilli et à présent, qui suis-je où vais-je ?

La roue tourne, tourne dans le mauvais sens
A compte à rebours, comme l'amour
Je sais l'absence quand tourne la roue

Et puis tu vieillis aussi, sans rose à tes joues
Sans bleu à tes yeux

Ta roue tourne-t-elle aussi, dans le même sens que moi ?
Passes-tu ton tour ? Que fais-tu avec l'amour ?
Et comme toujours danses-tu ?
Et quand tourne la roue, m'aimes-tu maintenant et pour
toujours ?
Dévêtue, ingénue !

Partis en temps et en heure

De ces jours sans fin
Dans l'attente d'une nuit bleutée
Étoilée d'éternité
Tu apparais enfin
Telle que je t'ai toujours désirée

Nous sommes partis en temps et en heure
Avant que le vent ne tourne
Avant que tu ne te retournes
Vers un autre destin, sur un autre chemin
Dans les embruns
Nos deux cœurs ne faisant plus qu'un
Avec le même dénominateur commun

Chaque nuit de plus, chaque baiser de plus
Encore beaucoup d'autres fois, sans jamais avoir froid
Nos corps emmêlés jusqu'à ne plus avoir faim
Nos forces entraînées jusqu'à l'épuisement
D'un éternel recommencement
Notre âme enchaînée à un monde de trop de peine,
De trop de haine

Heureusement
Tu es venue, je t'ai vue, nous nous sommes tus
Et nous ne nous sommes pas toujours bien tenus
Qui l'aurait cru

Qu'une passante jupe fendue dans la rue
Et un impatient trop éperdu du haut d'une grue
Puissent se retrouver seuls, nus

Comme toi, je fus nu comme des vers
Des vers mais pas solitaires
Un solstice d'hiver
Quand tu es apparue en noir et blanc
Le cœur battant
Tu es devenue mon beau penchant
À temps
Juste
À temps
Pour partir avec moi
En temps et en heure

Visions de Johanna

Les murs s'écroulent, dans la beauté des reflets ancestraux,
Elle est lumière, elle est princière sous le nouveau soleil oléoduc,
L'Amoco Cadiz est partie aux oubliettes, quand je l'aperçois inerte derrière les vitraux,
Au-dessus de la naphtaline, ils volent bien haut, en batterie, les grands ducs.

Louise tu illumines mes vers, mes rêves, tu démines les fébriles cœurs, je te vois à l'envers dans mes pupilles, tu seras toujours la plus jolie des fleurs.
Oui mais si Louise tu es le corps qui se boit sans faim, l'esprit est ailleurs dans les visions de Johanna.

Combien de fois je meurs à vouloir la sœur jumelle idéale.

La lumière va s'éteindre, les missiles sont tombés, on compte nos civils morts, je les entends geindre que les prix montent à Bombay, le poète aux commandes demande son reste avant que la peste l'emporte sur ta folie céleste.

Louise Attaque, Louise Michel ? Louise Labé, de quoi demain sera fait ? Elle me plaque sur son mur.

De Berlin à Pékin en passant par Mexico, mes rimes ne riment à rien, c'est sûr et certain

Les temps fautent de changer sont durs, petit t'es rien.

La mer ni ne va, ni ne vient et fait pleurer les marins

Mais que fait Dieu le Père, au tableau des fusibles, il n'y a plus d'ampère,

Et dans les tourments pourquoi Johanna elle se perd et pourquoi elle se terre, verre en cristal, Fatalement ?

Le combustible s'est consumé dans l'ombre de ta folie des grandeurs. Nuit et jour, on a mangé tout ce qui était comestible et l'on a croqué toute la pomme avec les vers pour notre malheur.

Dorénavant, il ne restera que des futures générations fantômes, j'en ai peur, mais où vont les hommes ?

Il est trop tard Louise, pour le meilleur et pour le pire, je tire encore du mauvais côté de l'obscurité.

Louise, j'ai pitié de ton éphémère beauté, de mes prières vers plus de liberté.

Chantes-tu encore mes poèmes qui disent que tu m'aimes ? Et est-ce-que je mérite ton amour quand Johan et Anna emmène mon esprit à faire de trop nombreux détours dans cette fin de règne animal.

Louise, tu es partie tant de fois que je ne compte plus tes faux pas et tes retours.

La plus fidèle de mes amours psychédéliques, la plus solaire, la plus aérienne, qui tant de fois a volé à mon secours en me sauvant de l'hôpital psychiatrique, en se passant pour Madame de Pompadour.

Louise, oh Louise, la plus exquise des marquises. Pardonne mes offenses en ce siècle des lumières aveuglantes qui s'éteignent quand vient la bise, pour laisser place aux visions de Johanna qui m'ensorcellent et m'amènent vers son éternel.

Oh Johanna, sais-tu, mes visions de toi se troublent en eau insalubre.

Quand tout devient lugubre, une faible lumière peut éblouir le non-voyant que je suis,

Mais à dormir debout quand tout tombe autour de nous, je veux bien périr entre toi et Louise.

Qu'ils sont loin les Hosannas ? Les Alléluia, venez, partez, revenez, ma foi, pourquoi pas !

Mes visions de Johanna je les prends dans mes bras quand elles sont là. Pardonne-moi Louise, c'est toujours comme ça dans chacun de mes pas.

Je fuis vers cet autre idéal impossible

L'homme des villes aux yeux tristes

Avec ma voix fatiguée au temps des feuilles d'automne
Et mes yeux brumeux après un long somme
De lettres d'amour, d'un homme gastronome
Ne suis-je pas le seul qui t'ai vraiment aimé ?

Avec mon cœur de papier, froissé, déchiré, jeté
Et toutes tes polarités et mes penchants d'exclusivité
De mots doux, de caresses sur tous tes contours
enchantés
Ne suis-je pas le seul qui ai su te protéger ?

Je suis l'homme aux yeux tristes
L'homme des villes qui n'a pas su garder son trésor
Et l'or qui l'enlaçait tous les soirs et s'endormait contre
son corps
Mon amour propre, mes amours sales de port en port
Dois-je les laisser en Dylanie ou la dame des plaines va-t-
elle revenir en pleurs sur ma piste ?

Avec tes habits de lumière et ton corps de bijoutière
Et ce sourire de Joconde dans toutes mes prières
Tu restes la seule que j'aime, la première, la dernière
Toutes les autres réunies ne sont-elles pas que des petits
cailloux qui roulent ?

Sur les barricades tu brandis le drapeau avec fierté
Liberté, égalité, fraternité, tandis que moi j'ai déserté
Dans le premier train pour un aller simple vers ton éternité
Ne suis-je pas le seul qui a su te percer à tout jamais ?

Sur mes écrits, même entre les lignes tu es partout
Je m'accroche à ton cou, et si tu te moques de tes multiples atouts
Tu voles au secours des plus faibles comme un risque-tout
Et moi ne suis-je pas le seul tout doux auprès de sa louve ?

Je suis l'homme aux yeux tristes
L'homme des villes qui n'a pas su garder son trésor
Et l'or qui l'enlaçait tous les soirs et s'endormait contre son corps
Mon amour propre, mes amours sales de port en port
Dois-je les laisser en Dylanie, ou la dame des plaines va-t-elle revenir en pleurs sur ma piste ?

Les hommes de mauvais aloi, ils tournaient toujours autour de toi
Et tu t'en débarrassais avec maestria sans qu'ils n'atteignent ton toit
Même les rois, les hors la loi, les plus ou moins courtois

Sont-ils toujours autant à vouloir atteindre au clair de lune mon ange de lumière ?

Je les vois encore, tous ces porcs qui ont voulu te baiser
Et par la même vouloir ta mort et sur le mur te punaiser
Comment pourront-ils ces cons te vaincre et te convaincre ?

Je suis l'homme aux yeux tristes
L'homme des villes qui n'a pas su garder son trésor
Et l'or qui l'enlaçait tous les soirs et s'endormait contre son corps
Mon amour propre, mes amours sales de port en port
Dois-je les laisser en Dylanie ou la dame des plaines va-t-elle revenir en pleurs sur ma piste ?

Avec ma voix fatiguée, mon cœur de papier
Avec tes habits de lumière et tes contours enchantés
Avec mes lettres d'amour, mes penchants d'exclusivité
Et tous ces porcs qui ont voulu te baiser
Je t'en prie
Reviens
Car l'homme des villes aux yeux tristes, attend encore son unique idylle en Dylanie

Au cœur de mon pays

Deux femmes meurent au cœur de mon pays
La première a pris mon âme, à mon grand dam,
La deuxième a transpercé mon cœur de son charme
indécent
Il y a comme un trou obscur dans le ciel des amants
incandescents

Un homme saoul pleure au fond de la bouteille
Et ses larmes sont si noires que jamais les traces ne
s'effaceront

Et même le son des sirènes attirantes ne lui parviendra
plus
La pluie d'ailleurs, jamais ne s'arrêtera,
Même après que les fossoyeurs ne recouvrent de détritus
sa caisse de bois

Les fleurs ne pousseront plus, la musique ne sera plus
jouée, la poésie, elle depuis longtemps a déjà été
abandonnée,
Au profit d'une cupidité instantanée, d'un amour mal
aiguillé qui a fait dérailler tous les trains.

Les rêves ont été transformés en cauchemar, en lugubre
réalité

Le temps est définitivement perdu,
Ève n'enfantera plus, Adam s'est pendu,
Oh maman !
Oh Marie !
Je vous en prie, pardon,
Je n'ai été qu'un manant, qu'une pute,
Mais qu'ai-je fais ?
Et tous mes frères comment se sont-ils comportés ?

En homme en rut,
Des êtres de brutes,
À exhorter
À s'entretuer

De la beauté de façade à l'appel de l'éternité,
Il fallait s'en éloigner et non s'y laisser tomber

La gloire est une sombre histoire
Qui finit toujours mal sur un champ de foire
Pour tous les vilains
Oh maman !
Oh Marie !
Je vous en prie, pardon
Au cœur de mon pays, je suis parti

La Dylanie

La Dylanie c'est bien plus qu'un pays de rêve
Bien plus que la part d'un gâteau avec la fève
Bien plus que la fervente jeunesse et sa sève

C'est bien plus qu'une encyclopédie de poèmes
Bien plus que les je t'aime, et que l'anathème
La Dylanie c'est quand revient l'être suprême

La Dylanie c'est bien plus que les grandes histoires
Bien plus que la lumière du soir et ton miroir
Bien plus que de ne jamais laisser choir, faut croire

C'est bien plus qu'un travail acharné pendant trop
d'années
Bien plus qu'un nouveau née prêt à se pavaner
Bien plus que des mots susurrés et surannés

La Dylanie c'est rester sans chercher à partir
C'est se battre sans armes, et sans se mentir
C'est se dévêtir et contre toi me blottir

La Dylanie ce n'est pas moins qu'être pour toi aux petits
soins
Qu'être acteur plus qu'un témoin caché dans un recoin
En espérant que quelqu'un nous sorte enfin de ce rond-
point et de tout ce tsointsoin

La Dylanie c'est des presque riens

Qui font presque tout,

Ici, là et un peu partout,

Qui font du bien

Et font devenir sereins pour tous nos beaux lendemains

Les textes sont tous repris des trois volumes de Voyage en Dylanie (entre parenthèse les numéros du volume) sauf cinq inédits dont deux qui ne s'appuient sur aucun des textes de Dylan.

Elle n'appartient qu'à elle : She Belongs To Me (1)

Je te veux : I Want You (1)

Ce matin je suis ton amour : I'll be your baby tonight (1)

Comme une pierre plantée : Like A Rolling Stone (1)

Ton habit déteint : Leopard-Skin PillBox Hat (3)

Restez, Lady, Restez : Lay, Lady, lay (1)

Aujourd'hui : Tonight i'll be staying here with you (1)

Seul avec toi : To be alone with you (1)

Je serai libre N°1 : I Shall Be Free No.10 (1)

Dame nature : New Morning (1)

Madona : Alberta (1)

Sara : Sara (2)

Laisse-moi : I'd Have You Anytime (3)

Jamais je ne partirai : Going, Going, Gone (1)

Si tu dois partir : If You Gotta Go, Go Now (3)

Tout est brisé : Everthing is broken (2)

Il en faut beaucoup pour rire, il suffit d'un train pour pleurer : It Takes a lot to Laugh, It takes a train to cry (1)

Où u es-tu ce soir ? : Where are you tonight (2)

Mister : Senor (Tales of Yankee Power) (2)

Mon coeur, mon âme et mes mots ont mal (inédit)

Je pense à toi : Mama You,ve Been On My Mind (3)

Ce rêve de toi : This Dream Of You (2)

Je ne peux m'échapper de toi : Can't Escape from you (3)

Je ne t'oublierai jamais : Forgetful Heart (2)

La promesse : You're gonna lonesome when you go (1)

Je ne peux plus attendre : Can't wait (2)

La fille de là-bas : Girl Of The North Country (1)

Si jamais, vous allez en ville : If You Ever Go to Houston (2)

Passe-lui le bonjour : If You see her, say hello (3)

Des rues désertes : Down the highway (1)

Un jour peut-être : Maybe someday (2)

Tin Angel (Ange d'étain) : Tin Angel (2)

Peu après minuit : Soon After Midnight (2)

Malade d'Amour : Love sick (2)

En pleurs sur la piste : Standing in the doorway (2)

J'ai décidé de me consacrer à toi : I've made up my mind to give myself to you (2)

Étoile Filante : Shooting Star (2)

Un abri pour l'orage : Shelter from the storm (1)

Embourbé jusqu'au cou : Tangled Up In Blue (1)

Un simple coup du sort :   Simple Twist of Fate (1)

Clair de lune : Moonlight (2)

Tu ne vas nulle part : You ain't goin' nowhere (1)

Elle fait comme si l'on venait de se rencontrer : I Don't Believe You (She Acts Like We Never Have Met) (3)

La fille de mes 12 ans : Red River Shore (3)

Ange de Lumière : Precious Angel (2)

Deux doses d'amour : Shot of love (2)

Je me souviendrai d'elle : I'll remember you (2)

L'esprit en haut de la terre : Spirit On The Water (2)

Afin que tu saches combien je t'aime : Make you fell my love (2)

Dylène : Jolene (2)

Reine des Muses : Mother of Muses (2)

Atteindre le paradis : Tryin' to get to heaven (2)

À toutes mes Sara réunies : Silvio (3)

J'parle pas : Ain't Talkin' (3)

Toutes ces années gaspillées : Long And Wasted Years (2)

Je ne suis qu'un individu : I Contain Multitudes (3)

Ce n'est pas moi qu'il te faut chérie : It ain't me, babe (3)

Adieu : Farewell (3)

À t'attendre : Waitin' for you (3)

N'y pense plus : Don't think twice, it'a all right (3)

Plus près de la lune et des étoiles filantes : As i went out one morning (3)

La roue tourne : This Wheel's On Fire (3)

En temps et en heure : Born in time (3)

Les visions de Johanna : Visions of Johanna (Inédit)

L'homme des villes aux yeux tristes : Sad eyed lady of the lowlands (inédit)

Au cœur de mon pays : Heartland (Inédit)

La Dylanie (inédit)

Table des matières

Je te veux 13

Ce matin je suis ton amour 16

Comme une pierre plantée 17

Ton habit déteint 20

Restez, Lady, restez 22

Aujourd'hui 24

Seul avec toi 26

Je serai libre 28

Dame nature 30

Ma madone 31

Sara 32

Laisse-moi 34

Jamais je ne partirai 36

Si tu dois partir 38

Tout est brisé 40

Il en faut beaucoup pour rire, il ne suffit que d'un
train pour pleurer 42

Où es-tu ce soir ? 44

Mister 46

Je pense à toi 48

Mon cœur, mon âme et mes mots ont mal 50

Ce rêve de toi.. 52

Je ne peux m'échapper de toi 54

Je ne t'oublierai jamais................................. 57

La promesse 59

Je ne peux plus attendre 61

Si jamais, vous allez en ville........................ 64

Passe-lui le bonjour....................................... 67

Des rues désertes... 69

Un jour peut-être 71

Tin Angel (Ange d'étain)............................... 73

Peu après minuit 75

Malade d'Amour... 77

Même mon âme au diable 78

En pleurs sur la piste..................................... 79

J'ai décidé de me consacrer à toi.................. 82

Étoile filante 84

Un abri pour l'orage....................................... 86

Embourbé jusqu'au cou 88

Un simple coup du sort 92

Clair de Lune 94

Tu ne vas nulle part....................................... 96

Elle fait comme si on venait de se rencontrer.......... 98

La fille de mes 12 ans 100

Ange de Lumière 102

Deux doses d'amour 105

Je me souviendrai d'elle... 108

L'esprit en haut de la terre...................................... 110

Afin que tu saches que je t'aime 112

Dylène 114

Reine des Muses 115

Atteindre le paradis 117

A toutes mes Sara réunies 120

J'parle pas 122

Toutes ces années gaspillées 126

Je ne suis qu'un individu 129

Ce n'est pas moi qu'il te faut chérie 131

Adieu 134

À t'attendre... 136

N'y pense plus 138

Plus près de la lune et des étoiles filantes.............. 140

La roue tourne 142

Partis en temps et en heure 144

Visions de Johanna 146

L'homme des villes aux yeux tristes........................ 149

Au cœur de mon pays 152

La Dylanie 154

Ma profonde reconnaissance à toutes mes idylles en Dylanie :

À la déesse sans maitre ni dieu, à la fille aux yeux bleus à moitié nue, ma douce ingénue, ma plus belle des avenues.

À la pierre plantée, à mon aimée, la fille perdue qui en a oublié d'être sage, à celle qui m'a abrité de l'orage.

À la femme du dompteur, à celle qui aime les saules pleureurs.

À la femme qui fut mon seul amour, à madame de Pompadour, aux premiers amours qui durent toujours, à la servante de topinambours, à toutes celles qui m'ont fourni des doses d'amour, à mon amour de toujours.

Aux filles faciles, aux filles fragiles, aux filles débiles, à ma grande idylle, à Debbie la fille indélébile.

À Madonna, à celle qui s'appelle Sara.

Aux amours frivoles, aux belles créoles.

À la fille qui aura éternellement 24 ans, à la belle au bois dormant.

Aux chants des sirènes, à Dylène ma reine, à ma sirène qui éponge mes peines.

À tous tes sosies, à Rosie.

À ma mante religieuse, aux belles serveuses.

À tous les grains de beauté au trop plein de charité.

À la Princesse qui loge, soigne et panse des avenirs mal assurés.

Aux coups du sort, à mon ange d'or, à la fille qui vient du nord.

À celles qui apparaissent au hasard, à ces œuvres d'art fantastiques dans ces corps de Femme.

À celles qui ont le pouvoir d'illuminer le soir, d'enchanter les jours les plus gris, à Marie, à toi baby.

À celle qui m'a laissé choir, au dahlia noir.

À la dame au camélia, au docteur Lisa,

À la Princesse à l'habit de lumière en étain, à celle qui fait dérailler les trains, à celle qui me tient toujours la main.

À celle qui a pris mon âme à mon grand dam, à la dame des plaines en pleurs sur ma piste, à la fille de mes 12 ans, à celle qui a transpercé mon cœur de son charme indécent.

À celle qui restera toujours une nuit de plus sous ma pluie.

À mon âme sœur, mon oiseau lyre, et à toutes celles qui ont des fous rires pour un rien.

À ma cendrillon, à la fille aux longs cheveux blonds, à toutes les illusions.

Au plus beau des rêves, à mon Eve pour qui je me lève.

À mon ange de lumière, à l'esprit en haut de la terre.

À celle que j'aime, à mon totem.

Aux merveilleux écrins dans des tulles de soie.

À celles qui sont sur tous mes écrits sur toutes les toiles.

À toutes mes Sara réunies, à la belle endormie, à la jolie Jumpy, à Betty et à toutes celles qui sont parties.

À ma muse saharienne, à celles qui jouent, à celles qui font tourner la roue.

À celle qui est venue me retrouver au clair de lune.

À la fille au cœur immense, à la belle espérance.

À la dame nature, à celle qui assure aux yeux si purs.

À celle qui m'ouvre sa porte, à la plus belle découverte, à celle qui sur un merveilleux spot me transporte sans savoir tout le bonheur qu'elle m'apporte.

À ma Cassandre, à ma Johanna, à ma Louise, et à toutes les marquises les plus exquises.

À celle qui a osé et celle qui a posé sur moi ses yeux de déesse.

À la fille qui fait saigner mon cœur creux, à celle qui me rend heureux.

À ma compagne, ma brindille, ma lune, mon soleil, mon miel, à celle qui garde mon sommeil.

À toutes les intouchables, à mon amour véritable et mes amours ineffaçables et coupables qui m'accablent.

À la femme aux blondes mèches, éblouissante quant au bout de son arc je suis suspendu à sa flèche.

À la gentille alouette sur le dernier barreau de l'échelle à attendre dans sa robe coccinelle en dentelle.

À ma femme, Blandine.